JN108663

イラスト
で見る
全活動・全行事の

小学校 **3**年

丸岡慎弥 編著

学級経営

のすべて

東洋館
出版社

は じ め に

「今年度は3年生をお願いします」。

本書を手に取られている人は、きっとそんなお願いを校長先生にお願いをされたのではないでしょうか。「学級経営なんてどの学年も同じじゃないの？」。もしかすると、そんな風に思う方がいらっしゃるかもしれません。その答えの半分は正解で、半分は間違いです。

私が、なぜそのような答えを出したのかというと…

① どの学年でも押さえなければいけない学級経営の肝がある

どの学年でも、「学級をまとめる」という行為には肝があります。それは、基礎・基本とも言われたり「大切なこと」なんて言われたりもします。

・子どもたちを大切にすること

・子どもたちや保護者の方との対話を大切にすること

・独りよがりにならずにチームで取り組むこと

・学級で安全・安心に過ごすためにルールづくりなど、環境を整えること

これらは、確かにどの学年をもったとしても変わりあるものではありません。

また、学級だろうが職員室だろうが変わらないことです。

年齢などに左右されない「肝」が存在します。本書では、そういった学級経営の「肝」を大切にしながら執筆を進めさせていただきました。しかし、先ほどの答えでは「半分は間違い」と言いました。

② 子どもたちの発達の段階によって学級経営は変わってくる

「子どもも大人も変わらない」ことも多くありますが、「子どもだから配慮するべきこと」も、もちろんあります。それが「発達の段階」です。9歳を迎える3年生の子どもたち。低学年の頃と比べて学校生活にも慣れてくることや発達の段階として、ようやく他者を認めることができ始め、友達同士の世界をつくり始める時期でもあります。

そんな発達の段階の3年生だからこそ、スムーズに進めることのできる学級経営があります。

本書では、そんな「3年生だからこそ」という学級経営を4月から3月まで、見開きですっきりと一項目ずつまとめさせていただきました。学級が始まるまでにお読みいただき、見通しをもってもらうこともできますし、年度途中でその時期に関連する箇所を開いていただき、要所を読んでいくこともできるようになっています。

ぜひ、本書を、3年生を担任する1年間そばに置いていただき、何度もめくり返してみてください。そして、本書のネタをもとに学級の子どもたちと一緒に学級をつくっていっていただければ幸いです。本書が読者の方にとっての学級経営の道標となり、すてきな1年間を過ごしていただけることを心より願っています。

2023年2月　丸岡慎弥

1

本書活用のポイント

　本書では、4月から3月まで毎月どのような学級経営を行っていけばよいか、各月の目標・注意事項を解説しています。また、学級経営の具体的なアイデアを、イラストをもとに、どのクラスでも運用できるような形で紹介しています。是非、ご自身のクラスでも実践してみてください。

■本書の見方

月初め概論ページ

1 目標・注意事項

　その月の学級経営での目標、考え方、注意事項を紹介しています。月ごとに何をやるべきなのかを学年で共有する際、このページが参考になります。1年間というスパンで子ども・クラスの成長を捉える中で、月ごとにPDCAを回していきましょう。

2 月のねらいに合わせた実践例

　ここでは、その月のねらいを達成するために、オリジナルの実践例を紹介しています。教師の言葉かけから、ゲームなど幅広い内容となっています。自身の学級経営にマンネリを感じてきたら、是非、ここでのアイデアを実践してみてください。

1年間を見通した学級経営を!

学級経営アイデア紹介ページ

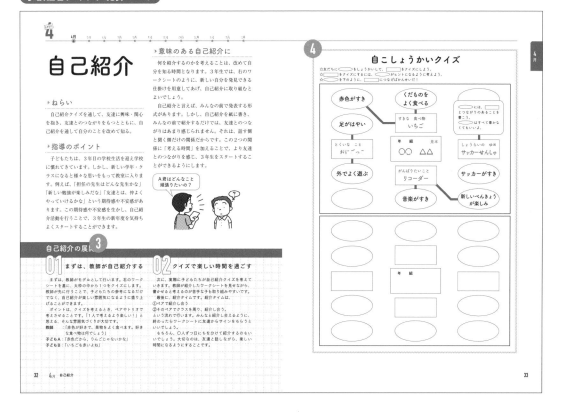

3 **活動の流れ**

　紹介する活動について、そのねらいや流れ、指導上の留意点をイラストとともに記しています。その活動のねらいを教師がしっかりと理解することで、教師の言葉かけも変わってきます。この一連の活動で、その月の学級経営の充実を目指していきます。

4 **中心となる活動・場面など**

　紹介する活動において、中心となる活動や場面、教材、板書例などに焦点を当て、活動の大切なポイントを解説しています。その後のゴールのイメージをもつ際に役立ちます。学級経営では、子供の発言を受け止める、つぶやきを大切にする、温かな言葉かけが大切です。

イラストで見る　全活動・全行事の学級経営のすべて　小学校３年

もくじ

はじめに　……1

本書活用のポイント　……2

1 第３学年における学級経営のポイント

学級経営を充実させるために　……8

3年生ってこんな学年！　……10

3年生ってどんな子ども？　……12

3年生の集団づくり　……14

3年生の学習の進め方　……16

3年生への言葉かけ　……18

3年生担任のリーダーシップ　……20

2 第３学年の学級経営

4月

語りを通して、1年間を貫くキーワードを示す　……24

始業式までの過ごし方　……26

学級開き①　……28

学級開き②　……30

自己紹介　……32

自己省察（4月）　……34

言葉遣い　……36

目指せ聞き方名人　……38

一人一役当番　……40

給食・掃除指導　……42

宿題①　……44

社会　……46

理科　……48

外国語活動　……50

総合的な学習の時間　……52

朝の会・帰りの会　……54

朝・昼学習　……56

3年生としての道徳科　……58

休み時間の過ごし方　……60

1年の目標を決めよう（キャリア・パスポート）　……62

教室掲示　……64

学級目標　……66

授業参観①・懇談会　……68

5月 3年〇組宣言をつくって、本格スタートする5月 ……70

席替え ……72

自己評価を取り入れる ……74

社会見学 ……76

リレー習字 ……78

会社活動① ……80

学級会① ……82

協働学習を取り入れる① ……84

宿題② ……86

保護者への発信（学級通信） ……88

6月 学級文化を高める6月 ……90

避難訓練 ……92

雨の日・暑い日の過ごし方 ……94

プール指導 ……96

土曜参観 ……98

7月 振り返りを通して2学期につなげる ……100

成績① ……102

成績② ……104

個人懇談① ……106

2学期に向けて ……108

夏休みの過ごし方「一人一台端末」（情報モラル）……110

夏休みの課題（自由研究） ……112

終業式（1学期） ……114

8月 教師も楽しみにしている夏休みを最高の時間に ……116

研究授業に向けて ……118

休暇 ……120

学び場はすぐそこに ……122

まず、1冊だけ読む ……124

2学期の始業式準備 ……126

9月 子どもたちと見通しを共有し、目標を設定する ……128

2学期始業式 ……130

運動会に向けて ……132

運動会① ……134

運動会②（校務分掌） ……136

運動会③ ……138

キャリア・パスポート① ……140

10月 「2年生に近い3年生／4年生に近い3年生」を考える ……142
　学級会② ……144
　協働学習を取り入れる② ……146
　会社活動② ……148
　授業参観② ……150
　研究授業 ……152

11月 学校行事で頑張る自分をイメージさせる ……154
　学習発表会【理論編】 ……156
　学習発表会【実践編】 ……158

12月 Jamboardで自分たちの姿を振り返る ……160
　お楽しみ会 ……162
　年末年始の過ごし方 ……164
　キャリア・パスポート② ……166
　個人懇談② ……168
　終業式（2学期） ……170

1月 202□年の自分をバックキャスティング思考で考える ……172
　3学期始業式 ……174
　書初め ……176
　学級会③ ……178

2月 先生が銅像になって
子どもたちが主体的に学ぶ場を提供する ……180
　授業参観③ ……182
　学年懇談会 ……184
　クラブ見学会 ……186

3月 デジタルの寄せ書きで資質・能力を
4年生へつなぐ ……188
　6年生を送る会 ……190
　キャリア・パスポート③ ……192
　お楽しみ会 ……194
　学級じまい ……196
　自己省察（3月） ……198
　修了式 ……200

編著者・執筆者紹介 ……202

第3学年における
学級経営の
ポイント

1

学級経営を
充実させるために

① 学級経営の充実には情報が欠かせない

「今年は3年生をお願いします」

そんな言葉をもらって、3年生の担任を務めることになったことが決まると、

「よし！こんなことをやってみよう」

「何をすると子どもたちは喜ぶのかな？」

「たくさん子どもたちの話を聞いてあげたいな」

など、自分のやりたいことがたくさん浮かんでくるのではないでしょうか？

しかし、そうしたことを考える前に、一歩立ち止まってほしいのです。そして、次のことをできるだけたくさん集めてみてください。

それは、「情報」です。

やりたいこと、取り組んでみたいことを考える前に、とにかく「情報」を集めましょう。

子どもたちのこと、3年生という学年のこと、どんなことを教えるのかということ、1年間の主な学校行事…。さらには、赴任している学校のこと、一緒に働く先生たちのこと。

学級経営がうまくいく人は、とにかく「たくさんの情報」をもっています。

では、なぜ情報を多くもつと、学級経営がうまくいくのでしょうか。

② わり算指導で考える「知る」大切さ

「九九を知らない子どもたちに、わり算が教えられるか？」

この問いに、あなたはどのように答えますか？

ほとんどの先生が「それはできない」と答えるでしょう。

当然ですが、わり算は九九が分からなければ、解くことはできません。

9÷3であれば「9の中に3はいくつあるのかな？」「では3の段を使って…」という指導をするのが一般的でしょう。わり算の指導には「かけ算を知っている」ということが前提にあるのです。

しかし、九九は2年生の学習内容です。3年生の教科書では扱われることはありません。

子どもたちの実態を何も知らなければ、教科書に記載されている通りに指導をすればよいでしょ

うが、なかなかそのようにうまくはいきません。

　ここで、先ほどの「知る」ことが大切になってきます。

「どれくらいの子どもたちが九九を習得しているのか」

「誰が九九を十分に習得しきれていないのか」

「誰であれば九九は十分に習得していると言えるのか」

　そんなことを十分につかんでおく必要があるのです。

　多くの子どもたちが十分に九九を習得することができていないのであれば、宿題や算数授業の導入で九九を扱う必要が出てくるでしょう。

　誰が、どれくらい九九ができないのかをつかんでいれば、机間指導の際に役立てることができるでしょう。

　また、九九ができる子どもはどの席であるかをつかんでおくことで、子どもたち同士の学び合いのときの言葉かけが変わってくるでしょう。

　このように「知る」ということを通して、「自分のやるべきこと」が見えてきます。

　この積み重ねが、学級経営を充実させるポイントなのです。

３ 「知る」から次の最適な一手が見える

　「知る」が大切なのは、算数授業だけではありません。全ての教育活動で大切なことであると認識しましょう。知ることで次の一手が見えてきます。それも、子どもたちにとって必要な一手が見えてくるのです。

　もし、何も知らないままに、

「この取組はおもしろそうだからやってみよう」

「去年もこの取組だったらしいから、同じでいいかな」

などとしてしまうと、子どもたちの実態に合ったものかどうか分からなくなってしまいます。

　その子たちとの一度しかない学級を充実させるためにも、ぜひ「知る」ということを大切にしてください。

　この理論編では、「これだけは知ってほしい」という情報を掲載しています。

　ぜひ、学級が始まる前に、学級で困ったときに、学級の節目に役立ててください。

学級経営を充実させたい…

そのために…

情報が欠かせない！

3年生って
こんな学年！

3年生って、いったいどんな学年でしょうか？
新しい教科がたくさん始まる学年？
まだまだ素直でかわいらしい学年？
ここでは、「3年生ってどんな学年？」ということを一緒に確認していきましょう。

1 新たな学習が一気にスタート

3年生と言えば

新たな学習が一気に始まる学年

と言えます。新しい学習と出会うのは、3年生のほかに5年生しかありませんが、3年生は5年生と比べても多くの学習と出会う学年となります。

では、どのような学習と3年生の子どもたちは出会うのでしょうか？

- ・社会
- ・理科
- ・外国語活動
- ・総合的な学習の時間

時間割で見ても、これだけの学習が増えるのです。6時間授業も2年生の頃と比べると多くなっています。

また、時間割には表れませんが、

- ・習字
- ・リコーダー
- ・ローマ字

なども、3年生の大きな学習と言えるでしょう。

こうしたことを念頭に入れて、1年間を考えることが大切です。

2 学校生活をより主体的に過ごせるように

また、次のようなことも言えます。

学校生活が、低学年の頃に比べて、さらに慣れてきている

もちろん、個人差はありますが、学校へ登校する、学校で生活するということに対して負担がなくなっていることはもちろん、「どうやって学校生活を送ろうか」と、自分から主体的に関わることができるくらいに慣れてきているとも言えます。

こうした利点も存分に生かしていきましょう。

低学年の頃であれば、先生にやってもらっていたようなことも

「みんなの力でやってみる？」

と、子どもたちに学校生活のかじ取りを譲り始めることができる学年とも言えます。

この視点を、学級経営にも存分に生かしていきましょう。

3 本格的な「子ども―子ども」の関係が始まる

また、3年生という学年は「他者」をようやく意識することができる発達の段階にあるとも言えます。

低学年の頃は「先生－子ども」がメインだった人間関係も、「子ども－子ども」という関係が本格的に生まれ始めてきます。

放課後でも、子どもたちだけで遊ぶ時間が長くなり、だんだんと「子ども（だけ）の世界がつくられ始める」とも言えます。

子どもたちの発達の段階から見ても、他者の存在が認められ始める時期です。

この発達をどれだけ活用できるかで、3年生の1年間は決まってくるのです。

新たな学習がスタート！

「子ども－子ども」の関係が始まる！

３年生って
どんな子ども？

　先ほどの項で少し触れましたが、ここでは「３年生とはどんな子どもなのか？」を具体的に見ていきましょう。子どもたちの実態をつかむ上でも、３年生という子どもの発達の段階を知っておくことは、とても大切なことになります。

１ ３年生という発達の段階

　大学時代に、もしくは、教員採用試験の勉強のときに、次の人物と出会っていることと思います。

ピアジェ

ピアジェは、20世紀において最も影響力の大きかった心理学者とも言われています。
では、そのピアジェは何を言ったのでしょうか？
それは、次のようなことです（ピアジェの規則の認識より）。

・第１段階：運動的個人的な段階（０〜４歳）
　➡規則や共同的なやり取りがない段階。
・第２段階：他律段階（４〜８歳）
　➡子どもが大人や年長の子どもの真似をし、規則通りに振る舞おうとし始める段階
・第３段階：自律段階（９〜13歳）
　➡ただ規則に従うのではなく、お互いに理解し合おうとする気持ちが強まる段階

　本書で扱っている３年生は、ちょうど第３段階である「自律段階」の時期であると言えます。
　３年生の子どもたちは「ただ規則に従うのではなく、お互いに理解し合おうとする気持ちが強まる」とされており、子どもたちの中で「社会性」が本格的に出現するとされています。

2 子どもたちの社会性の出現とは

それでは、社会性の出現とは、いったい子どもたちにとって、どのようなことなのでしょうか。
それは、つまり

（先生を含めた）大人が言うことが絶対ではない

ということに気が付くということです。

与えられた条件の中で、自分たちの話合いなどを通じて、自分たちで遊びのルールなどを変えて
いくことができるのが、３年生くらいからと言われています。

この発達のチャンスをうまく捉え、子どもたちにいろいろなことを任せていってみましょう。

3 子どもたちに活動を任せるステップ

もちろん、学校で子どもたちに何かを任せていくときには、ステップが必要です。

突然「じゃあ、やってみよう」「あとは、たのむね」と言っても、子どもたちはどう動いていい
のか分かりません。

遊びの世界であれば、「自分たちで決めよう」という思考が自然に生まれます。

しかし、学校の中ではあくまでも主導権は先生にあります。

やはり、先生がうまく子どもたちに主導権をバトンパスしていかなくてはいけないのです。

そんなときに大切にしてほしい考えが、次の内容です。

リード・サポート・バックアップ

これは、教育の仙人と言われた堰八正隆先生が提唱された教育理論です。

それぞれ、その名の通り

・リード：しっかりと先生が前に立って引っ張ってやり、教える時期
・サポート：先生が横に立ち、子どもたちの活動を支えてやる時期
・バックアップ：先生が後ろに立ち、子どもたちの活動を見守る時期

この考えを、いつも頭に入れておいてくださいね。

3年生の集団づくり

　前ページの「3年生の子どもたちの発達の段階」を踏まえると、3年生という子どもたちをどのように集団としてまとめればいいのかが見えてきます。ここでは、3年生の発達の段階を踏まえた集団づくりについて考えてみましょう。

1 3年担任の腕の見せ所とは

「3年生になると社会性が生まれ始める」と述べました。
　子どもたちは、ようやく自分たちの世界を自分たちでつくり始める時期にさしかかったと言ってもいいでしょう。
　自分たちで何かをつくるには、他者の承認が必要です。
　これまで「先生 − 子ども」という関係が基本だった子どもたちに、「子ども − 子ども」という関係が生まれるのです。
　3年生を受け持つ先生の腕の見せ所は、

どのようにして子ども同士をつなぐのか

と言えます。
社会性が生まれるとはいえ、まだまだ人間関係づくりには十分に慣れていない3年生の子どもたち。いったい、どのようにして子どもたちをつないでいけばよいのでしょうか。

2 「自分の好き」をきちんと出せるか

まず、大切なことは次のことです。

それぞれの個性を発揮する

子どもたちというのは、それぞれに「これだけは大好き」をもちあわせているものです。
昆虫が好き、お花が好き、アニメのキャラクターが好き、野球が好き、お絵かきが好き…。
その「好き」をしっかりと学級の中で表現させてあげましょう。4月の自己紹介の時期に紹介し

合うのもよいでしょう。

　また、道徳科の時間を活用して

4月の早い時期に「個性の伸長」を扱った道徳授業を行う

のもおすすめです。

　道徳の授業内で実施すれば、教材との出会いや友達の考えを聞くということ、また先生がファシリテートを進める授業内に考えたり表現したりすることができるので、どの子も安心して自分の個性を見つめたり発揮したりすることができます。

　ぜひ、4月の道徳科の授業の計画に「個性の伸長」を扱った教材を取り入れてみてください。

3 個性を発揮すると同時に大切にしたいこと

「個性を発揮する」ということをした後に、必ず押さえなければいけないことがあります。

　それは、

それぞれの個性を「認め合う」

ということです。

　それぞれの個性を発揮し合っても、それらを認め合う雰囲気や考えがなければ、せっかくの個性が輝くことはありません。むしろ「○○が好きなんてダサい」「××が嫌いなら仲間に入れない」など、個性を認めなかったり個性を強要したりすると、集団がうまくいかないのは目に見えています。

　個性はそれぞれのアイデンティティです。

　それらを認め合いつつ、共生するからこそ、本当に居心地のよい集団へと変わっていくのです。

　そのためには、道徳科の授業で、

相互理解・寛容

を扱った授業を実施しましょう。これらは、5月あたりに1度実施しておくことをおすすめします。

　道徳科をうまく活用することで、集団づくりにもよりよい影響を与えることができます。

子どもの個性を大切にし、つないでいく

３年生の学習の
進め方

「３年生になると社会性が生まれる」「リード・サポート・バックアップ」というお話をこれまでにさせていただきました。それらの理論をもとにして、３年生では、どのようにして学習を進めていくとよいのかを考えてみましょう。

1 授業を通じて

学校の中で１番多くの時間を過ごすのは「授業」です。子どもたちは、学校生活の中でおよそ７割ほど授業の時間を過ごしていることになります。

この授業時間を「ただ学習を教える時間」としてしまってはいけません。

授業を通じて集団もつくる

そんな意識をもち続けることが大切になってきます。

授業という時間と集団をつくる時間を切り離してはいけません。

４月初めに実施する集団づくりに関するゲームと、その後に実施されていく４月の授業がしっかりとつながっていなくてはいけないのです。

とはいえ、「授業を通じて集団をつくる」とは、一体どういうことなのか？

もう少し詳しく考えてみましょう。

2 漢字指導で見る集団づくり

例えば、新出漢字の学習を例にとって考えてみます。

- 指書き（筆順を見ながら、指で机の上に漢字を書く）
- なぞり書き（薄く書かれている漢字をなぞる）
- 写し書き（お手本を見ながら写して書く）
- 空書き（空中に書いて漢字が書けるかを確かめる）

このようなステップで漢字を学習するとします。

「指書き」の場面や「空書き」の場面では、「指書きから始めましょう」「空書きをしましょう。

さんはい（その後、筆順を言いながら漢字を空中に書く）」など、「合図」が必要になります。

こうした「合図」を細分化し、段階に分けて指導をします。

・リード期：先生が合図を出す。
・サポート期：学習係など担当の子どもが合図を出す。先生はサポートしながら進める。
・バックアップ期：学習係のみで進める。先生は後ろで見守る（先生がいなくても子どもたち
　だけで学習が進められる）。

このように、段階を追って子どもたちに指導をしていきます。

すると、授業と集団づくりを切り離すのではなく、授業で集団づくりと学力保障をセットで達成することができるのです。

そうすることで、「自分たちで学習を進めることができる」という手応えを子どもたち自身が感じます。この積み重ねが、集団づくりを達成していくのです。

3 成功の循環は集団づくりから

マサチューセッツ工科大学のダニエル・キム教授は「成功の循環モデル」を提唱しました。キム教授は、「人間関係がうまくいくことが成果を出すための必須条件である」としました。それは、以下の図に示している通りです。

人間関係がうまくいけば、集団は大きな力を発揮できます。運動会でも、チームワークがよいとそのチームは強いものです。

子どもたちの集団づくりは、学力向上にもつながっていきます。

ぜひ、「授業でも集団をつくる」という意識をもってください。

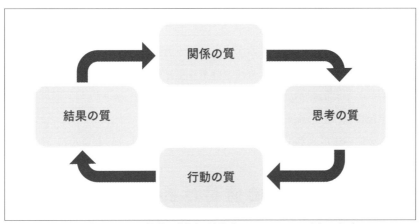

図　ダニエル・キム提唱の「成功の循環（Theory of Success）」モデル」

３年生への
言葉かけ

　ここまで「３年生ってどんな子ども？」「集団づくりのコツは？」「どんな学習の仕方がいいの？」といったことを述べてきました。それでは、３年生の子どもたちには、具体的にどのような言葉かけをしていけばよいのでしょうか？　ここでは「３年生への言葉かけ」について考えていきましょう。

1 「もう３年生！！」で意識を高める

　３年生ともなると、低学年の頃のかわいらしさが抜け、一歩お兄ちゃんやお姉ちゃんになったという印象を受けることでしょう。

　さすが３年生だね！もうお兄ちゃんだね！
　もう３年生！すっかりお姉ちゃんだね！

　こんなふうに「もう、低学年の頃とは違うね」ということを、言葉かけの中でしっかりと意識していきましょう。
　言葉かけは、毎日必ず行われるものです。つまり、

> **先生の日々の意識**

がそのまま表れるものなのです。
　担任の先生が「子どもたちをどう見るか？」で、日々の言葉かけが変わっていきます。
　１つの言葉かけで、劇的な変化があるわけではありませんが、毎日植物に水をやるように、じわじわと子どもたちへのよい影響が言葉かけを通じて行われているのです。
　もちろん、１年後には、その成果はしっかりと表れます。
　ぜひ、そのことを頭の中に入れて、毎日子どもたちと接するようにしてください。

2 「協力」をどんどん価値付ける

　「３年生になったとき、はじめて他者を意識する」ということを記しました。

子どもたち同士の世界をつくり始める3年生という発達の段階。
その発達の段階をよりよい方向へと導く言葉かけを意識していきましょう。

協力できているね！！
みんなでの話合いがとっても上手！！

こんなふうに、「協働学習」につながるような言葉かけを意図的に仕掛けていきます。
先生の言葉を聞き、
「もっと友達と頑張ろう！」
「力を合わせるって楽しいな！」
ということを十分に感じさせてあげましょう。

3 「まだ3年生」という関わりで愛情を

とはいえ、3年生の子どもたちは、ついこないだまで2年生。まだまだ、低学年らしいかわいらしさも十分にもちあわせています。

先生に甘えたり、1人で自分の問題を解決しなかったりといった面も見られることでしょう。

「もう3年生なんだから…」と突き放すのではなく、（まだ3年生）と思って関わってあげることも大切なことです。

そのことも忘れずにいてください。

3年生では「協力」を
価値付けよう！

協力ができて
いるね！

19

３年生担任の
リーダーシップ

　３年生の特性に合わせた学級担任のリーダーシップ。そういったものは存在するのでしょうか？
３年生という子どもたちの発達の段階に合ったリーダーシップとは、どのようなものでしょうか？
ここでは、そのようなことについて考えていきましょう。

1 リーダーシップを捉え直す

　３年生としての学級担任のリーダーシップを考える前に、「そもそもリーダーシップとは何か？」
といった問いについて考えてみましょう。

　リーダーシップと聞くと、誰かを引っ張っている姿やみんなの話をまとめている姿が思い浮かぶ
のではないでしょうか。

　このイメージは、常にリーダー側のみになっていますが、実は、リーダーシップは、リーダーだ
けでつくられるものではありません。

　リーダーシップを発揮するには、２つの立場の人が必要なのです。

・リーダー：集団を引っ張ったりまとめたりして方向付ける人
・フォロワー：リーダーの意思を尊重して行動したり、リーダーを支えたりする人

　リーダーシップとは、実は、この２つの作用が起きなければ、発動することはありません。

　つまり、リーダーとフォロワー、先生と子どもたちが調和を取れて初めて「リーダーシップ」が
発揮されるのです。

　当然ですが、リーダーのことだけを考えても「よりよいリーダーシップ」は発揮されません。

　リーダーシップを考える前に、まずは、このことを念頭に置いておきましょう。

2 ３年生担任に必要な２つの力

　では、３年生の子どもたちとうまくリーダーシップが発揮できるリーダーとは、どのような力が
必要なのでしょうか。

　私は、次の２つの力が大切であると思っています。

①子どもたちをしっかりとリードできる先生
②子どもたちをしっかりとファシリテートできる先生

　「協働的な学びができるようになる段階」と言える３年生ですが、まだまだ、その具体的な方法を知っているわけではありません。つまり、「どうやってみんなで協力するのか」「うまく協力するためにはどんなことに気を付ければよいのか」といったことを分かっていない状態であるとも言えるのです。

　そのような段階では、まず、しっかりと「リード」してあげることが大切です。

　「みんなで協力してみよう！」
　「相手の意見を聞くことから始めるといいよ！」

　そんな具体的行動を含んだ言葉かけが大切になってくるのです。
　まずは、しっかりと教えてやること。そのことを忘れないでください。

3 「引き出し上手」を目指す

　子どもたちをしっかりとリードし、協働する方法を伝えたのちには、「ファシリテート力」が重要になってきます。つまり、
　「子どもたちの意見を引き出す」
　「子どもたちの意見をつなぐ」
　といったことが大切になってきます。
　「引き出し上手」の先生は、うまく子どもたちをまとめることもできます。
　「どういうこと？」「どうしたらいいと思う？」
　「○○さんと××さんの意見、つなげられそう！」
　そんな言葉を増やして、子どもたちをつないでいってください。

「引き出し上手」を目指そう！

第3学年の学級経営

2

語りを通して、
1年間を貫くキーワードを示す

▶ 4月の目標

　とにかく、4月には「この先生が担任でよかったな」「このクラスは楽しそうだな」と、子どもたちに安心感を与えることです。出会いの印象は大きなインパクトを与えます。出会いがよければ、とてもよいスタートを切ることができますが、出会いで失敗をすると、その失敗を取り返すには相当の苦労が強いられます。十分な準備をして4月を迎えましょう。

4月の学級経営を充実させるために

4月、特に大切なことは

1年間を貫くキーワードを示す

ということです。このキーワードは、学級目標の設定や探究的な学習のテーマなど、あらゆるものに紐づき、とても重要なものになります。よく考え、どのような願いをもって学級をスタートさせるのかに力を注ぎましょう。
　例えば、「協力」というキーワードを設定したいとします。

・学級の友達同士で協力する
・たてわり班の仲間と協力する
・先生たちと協力する
・家族で協力する
・地域の人たちと協力する

　そんな意識を子どもたちの中に自発的に芽生えるように、様々な場面で仕掛けをしていきます。キーワードと実際の教育活動が一致するからこそ、その効果が発揮されるのです。

注意事項

　1年間を貫くキーワードは、子どもたちや学校の実態、3年生というカリキュラムの特質、学校行事などをよく分析して決定しましょう。これらの情報をつかむことで、自然にキーワードが浮かんでくるはずです。

出会いの語り「三本の矢」

▶ねらい：「三本の矢」で協力を考える

　始業式の日に「1年間を貫くキーワード」に関するエピソードを紹介することで、子どもたちの自発性や意欲を引き出し、1年間のよりよいスタートが切れるようにするとともに、1年間の出発点となるようにする。

▶活動例

　黒板に「三本の矢」と書く。
　発問「どんな意味が込められているのでしょう」
　子どもたちから意見を聞いたのちに、次のように語る。

　　昔、毛利元就（もうりもとなり）というお侍さんが、「1本の矢よりも3本の矢のほうが断然強い。1本ではすぐ折れてしまうが、3本になればなかなか折れないものだ」と言いました。つまり、1人ではなかなかできないことも、みんなで協力すればできることがたくさんある。みんなで協力することが大切だと言いました。

発問：本当なのでしょうか？（子どもたちに○・×の立場をとらせる）
　子どもたちの意見を聞いてから、実際に割りばしを使ってやってみる。誰かを前に出し、実際に体験させるとよい。さらに、準備ができるならペアに4本の割りばしを渡し、実際に1本と3本を折らせてもよい。
　体験後、感想を聞いてみる。「3本のほうが断然強かった」という感想が出るだろう。
　感想を聞いたのちに、次のことを発問する。
発問：この1年間、協力を通して、どんなことを頑張ってみたいですか？
　用紙などに書かせて、この話を終える。

▶活動後のポイント

　実践後は、子どもたちの書いた感想を学級通信や教師が全体の前で紹介するなどして、子どもたちに伝えていく。そこで生まれたキーワードは、「初日に○○さんが××と書いていたように…」と日常の教室の中で活用していくと効果を持続できる。

始業式までの過ごし方

▶ねらい

春休みは引き継ぎがたくさんあり、さらに子どもにしてあげたいことが数多くあるため、優先順位を決めて取り組んでいく。

▶指導のポイント

教師のやり方を押し付けるのではなく、子どもと決めていくことで1年間に身に付く力はたくさんあります。まず、休みの間にやるべきことはクラスの子どもの名前を覚えること、そして、顔写真と照らし合わせるなどして愛情をもって呼べるようにすることです。次に、気持ちよく登校できるように環境を整えることです。最後に教師自身が元気でいることも大切です。

始業式までに、名前と顔を一致させておく！

春休み中にやるべきこと

01 引き継ぎの情報はほどほどに…

学年が上がるとクラス分けもあり、情報も多くなります。しかし、その情報を全て信じる必要はありません。あくまでも過去のこととして記録し、何かあったときに結び付けられるようにすればよいのです。

出会いを楽しむことも教師の仕事です。子どもにレッテルを貼るのではなく、自分の目でその子どものよさを確かめましょう。

どんな子どもにもよいところがあります。よいところを見付けて声をかけることができるように準備をしましょう。

02 事務仕事は春休み中に…

学級がスタートすれば、バタバタと毎日が過ぎていきます。引き継ぎでもらった書類の事務作業は素早くこなしましょう。書類管理は出席番号順に行うと名前を覚えることに加え、枚数も確認できるので一石二鳥です。

春休みに返却して、記入して持ってくるものもあるので、忘れないようにします。何を始業式で配るのか、何をするのか、しっかり予定を立てましょう。始業式にどうしてもしなければならないこと以外は、やらないという選択も大切です。

愛情をもって子どもの名前を呼ぶ

　愛情をもって子どもの名前を呼ぶためにも、以下の4つを事前に行っておきましょう。

①名前を覚える
②クラス人数分の机が揃っているか確認する
③ロッカーなどの破損がないか確認する
④ICT機器の故障がないか確認する

　子ども一人ひとりを大切にするためには、まず名前の間違いをせず、使うものを整えておくことで、一人ひとりとの関係を大切にしようとすることにつながります。その行動が名前の呼び方にもつながっていくのです。

引き継ぎ

クラスのことだけでなく、学校のことを考えて…

仕事の優先順位は？

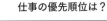

学校全体のこと ↓ 学年のこと 　→クラスのこと（個人でできる）

判断基準

03　教材選びは1年間を見通して

　漢字や計算、資料集などの副教材を選ぶときは、同じことが書いてあるページを並べると違いが一目瞭然です。

　1年間を通して、子どもたちは教材を使います。見やすいもの、自分で学習ができるものを選びましょう。難しすぎるもの、書き込みが多くて時間がかかるものは、なかなか子どもが1人で計画的に取り組むのは難しいでしょう。「1人でも進めていこう！」「頑張れそう！」と思えるものを学年の先生方と話し合って決めていきましょう。また、ユニバーサルデザインの視点で教材を見ることで、色や形なども学習に影響することを感じることができます。

04　名前と顔を一致させるために…

　とにかく、出席番号と名前を覚えることで、初日から子どものことを名前で呼べるようにします。名前で呼ばれると嬉しいものです。初日に備えて覚えておきましょう。

　また、引き継ぎ資料に顔写真がついていたり、ネットワークで写真を管理していたりする学校もあると思います。

　その場合も最大限使えるデータは利用して、子どもの顔と名前を一致させる手立てにしましょう。

学級開き①

▶ねらい

「はじめまして」の適度な緊張感がある中で、安心を感じることができる1日にする。

▶指導のポイント

とにかく焦らないことが大切です。初日は時間に追われます。しかし、初日だからこそ丁寧にやることが大切です。この1日で、これから1年間の流れが決まります。やりたいことは最小限にして、まずは新しい仲間との出会いを楽しめるようにしましょう。

▶自己紹介カード

自己紹介カードは「今」の自分を知ってもらうものになります。自由度の高い枠のものを用意して自分らしさを伝え、新たな気付きから子どもたち同士のつながりを深めるようにしていきましょう。

☆わたしのトリセツ☆

名前	誕生日
趣味	得意なこと
好きなもの	ちょっと苦手かも…

今、夢中になっていること！

これだけはだれにも負けない！

学級開きの展開

01 担任の自己紹介をする

Q.1 好きなスポーツは？

私の好きなスポーツは何でしょう？

担任の自己紹介をクイズ形式にします。パワーポイントを使い、写真や音声を交えながら楽しい出会いにします。このとき、必ず伝えるのは叱るときの基準です。これが学級の安心を生みます（右上図参照）。

02 場所を指定する

環境が整っているとやる気も湧いてきます。初日は何をどこに片付けるのかを丁寧に確認し、明日から1人でできるように場所を明確にします。きれいな状態の掲示物もあれば見本となり、なおよいでしょう。

■ 自己紹介カードの記入

> サッカーは
> 誰にも負けない

> 苦手な
> ことは…

■ 叱るときの基準

命に関わるとき	人を傷つけたとき	自分を大切にしなかったとき
危険な行動が見られたとき、命を大切にしていないときは、みんなが安心できないことを伝えます。	汚い言葉をかけたり、暴力などをしたりするなど、相手のことを考えていない行動についても、しっかりと考えるよう伝えます。	人と生活する上で、相手だけでなく、自分のことも大切にします。自分が傷ついたことを、そのままにしないことを伝えます。

03 避難経路を確認する

　教室の場所や靴箱の場所など、必要な場所の確認が終わったら、避難経路も忘れずに確認しましょう。いざというときは、いつ来るのか分かりません。だからこその備えが必要です。

04 配布物を確認する

　たくさんの配布物の中に、確認しておいたほうがいいものもいくつかあります。提出書類の期限を確認して、自分でお家の人に頼むように声をかける必要があります。

学級開き②

「メッセージを解読せよ！」

▶ねらい

　1年間同じ空間で共に過ごすことを少しずつ実感していくための第一歩が今日であること、そんな大事な空間をみんなでつくる時間がこれからの1年間につながっていくことを伝える。

▶指導のポイント

　子どもは仲間のことも知りたいけれど、初日は教師のことを知りたいものです。教師の自己開示が安心した空間をつくります。これからの期待感と安心感があることで「明日も頑張ろう！」と思う活力が湧いてきます。ここでは、教師が子どもに期待することを伝えつつ、楽しい時間をみんなで過ごすことができるような活動を行います。そして、仲間との協同作業で自然と会話が生まれるようにしていきます。

〈概要〉
1人1枚のカードをもって、とにかく人に声をかけて、つながる言葉を見付けます。

活動の展開

01 カードを用意する

　1枚のカードに1文字ずつ書かれたカードをクラスの人数分用意します。ここに書かれている文字は教師から子どもへのメッセージです。どんなクラスになってほしいのか。先生が願っていること、期待していることは何か。みんなで協力して言葉をつくっていくときにプラスのイメージになるような言葉を選択します。言葉ごとに色分けしておくと、それが自然とヒントになります。

02 カードを渡す

　1人1枚カードをもってからスタート。カードの渡し方は様々ありますが、時間配分と子どもの実態に合わせてできるとよいでしょう。1つ目は、子どもが来る前に机に1枚ずつカードを置いておく方法。裏面にメッセージを入れることで、はじめは文字カードとは分からず、このゲームに参加していけます。2つ目は、名前を読んで1枚ずつ渡す方法。これで1人ずつと会話もでき、ミッションを先に伝えておくことで子どもたちは自然と文字を見て予想していきます。

ゲーム みんなで協力して文章を完成させよう！

03 制限時間を相談する

　ミッションは、「みんなの文字がつながると文章になるよ。みんなで協力して文章を完成させてね！」ということです。30人以上学級にいるとはじめは小グループだったのが、色のヒントに気付いたり、偶然できた言葉を発してみたりすることで、輪がどんどん広がっていきます。その様子をしっかり見ておくことが教師の役割です。また、制限時間の設定も子どもと決めます。「〇〇だから5分」など、理由をもって決めていくので自然と時間を意識することにつながります。

04 ミッションを評価する

　教師はよかったみんなの姿をキャッチし、とにかくその瞬間を察知し、現状を伝えることが大切です。子どもたちには「みんなで協力すればいろいろなことができるんだ！」という実感をもってほしいと思います。はじめに声をかけた子、ヒントに気付いて大きな声で呼びかけた子、みんながやっている様子をじっと見て悩んでいた子、どれも素敵な姿です。学校で与えられたことだけでなく自ら行動するためには、行動のよさを示す必要があります。それが学級文化につながります。

自己紹介

▸意味のある自己紹介に

何を紹介するのかを考えることは、改めて自分を知る時間となります。3年生では、右のワークシートのように、新しい自分を発見できる仕掛けを用意してあげ、自己紹介に取り組むとよいでしょう。

自己紹介と言えば、みんなの前で発表する形式があります。しかし、自己紹介を紙に書き、みんなの前で紹介するだけでは、友達とのつながりはあまり感じられません。それは、話す側と聞く側だけの関係だからです。この2つの関係に「考える時間」を加えることで、より友達とのつながりを感じ、3年生をスタートすることができるようにします。

A君はどんなこと頑張りたいの？

▸ねらい

自己紹介クイズを通して、友達に興味・関心を抱き、友達とのつながりをもつとともに、自己紹介を通して自分のことを改めて知る。

▸指導のポイント

子どもたちは、3年目の学校生活を迎え学校に慣れてきています。しかし、新しい学年・クラスになると様々な思いをもって教室に入ります。例えば、「担任の先生はどんな先生かな」「新しい勉強が楽しみだな」「友達とは、仲よくやっていけるかな」という期待感や不安感があります。この期待感や不安感を生かし、自己紹介活動を行うことで、3年生の新年度を気持ちよくスタートすることができます。

自己紹介の展開

01 まずは、教師が自己紹介する

まずは、教師がモデルとして行います。右のワークシートを基に、太枠の中から1つをクイズにします。教師が先に行うことで、子どもたちの参考になるだけでなく、自己紹介が楽しい雰囲気になるように盛り上げることができます。

ポイントは、クイズを考えるとき、ペアやトリオで考えさせることです。「1人で考えるより楽しい！」と思える、そんな雰囲気づくりが大切です。

教師　：「赤色が好きで、果物をよく食べます。好きな食べ物は何でしょう」
子どもA：「赤色だから、りんごじゃないかな」
子どもB：「いちごも赤いよね」

02 クイズで楽しい時間を過ごす

次に、実際に子どもたちが自己紹介クイズを考えていきます。教師が紹介したワークシートを見せながら、書かせると考えるのが苦手な子も取り組みやすいです。

最後に、紹介タイムです。紹介タイムは、
①ペアで紹介し合う
②そのペアでクラスを周り、紹介し合う。
という流れで行います。みんなと紹介し合えるように、終わったらワークシートに友達からサインをもらうといいでしょう。

もちろん、〇人ずつ日にちを分けて紹介するのもいいでしょう。大切なのは、友達と話しながら、楽しい時間になるようにすることです。

自こしょうかいクイズ

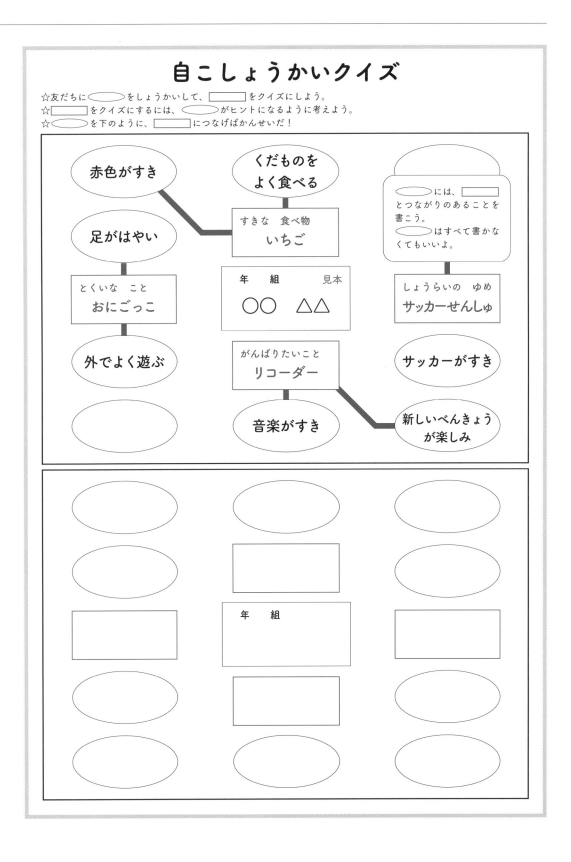

☆友だちに ⬭ をしょうかいして、▭ をクイズにしよう。
☆ ▭ をクイズにするには、⬭ がヒントになるように考えよう。
☆ ⬭ を下のように、▭ につなげばかんせいだ！

赤色がすき

くだものを
よく食べる

⬭ には、▭
とつながりのあることを
書こう。
⬭ はすべて書かな
くてもいいよ。

すきな　食べ物
いちご

足がはやい

とくいな　こと
おにごっこ

年　　組　　　見本
○○　　△△

しょうらいの　ゆめ
サッカーせんしゅ

外でよく遊ぶ

がんばりたいこと
リコーダー

サッカーがすき

音楽がすき

新しいべんきょう
が楽しみ

年　　組

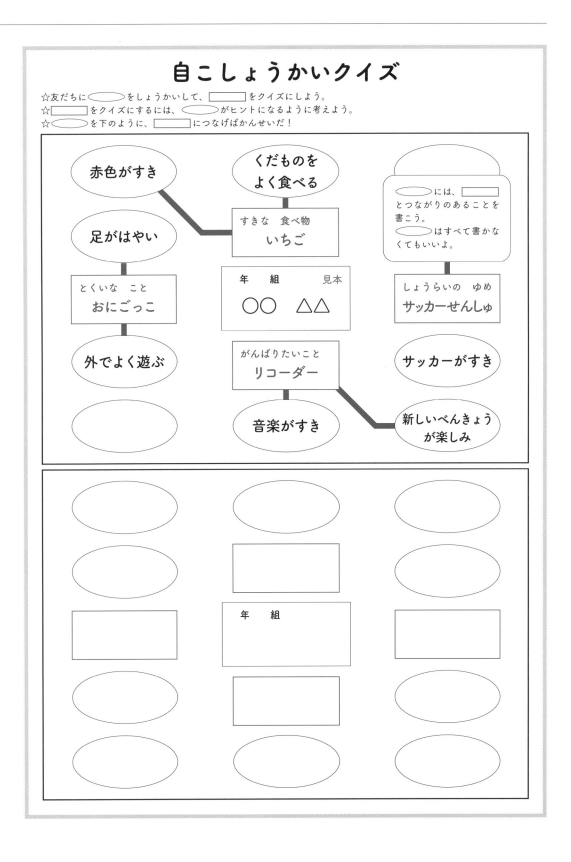

自己省察（4月）

▶ ねらい

1年間をスタートするに当たって、自分なりの目標や理想を描き、それに向かって主体的に取り組めるようにする。

▶ 指導のポイント

子どもたちの成長を見取ることと同じように、自分自身の成長を把握することは教師にとって非常に大切なことです。メタ認知と言ってもよいでしょう。ここでは、授業づくりにおいて考えてみましょう。教師にとって授業力は、学級経営の根幹です。授業力を高めることが、よい学級をつくる1番の近道となります。

1枚振り返りシートを実際の授業でも活用したいときは、1枚ポートフォリオ評価（OPPA）を参考にしてみるとよいでしょう。

『新訂　一枚ポートフォリオ評価 OPPA』
堀 哲夫［著］、東洋館出版社、2019 年

自己省察の考え方

01 よい学級は、よい授業から

よい学級とはどんな学級でしょうか。自分の意見を話せる学級、相手を思いやることができる学級、正しいことを正しいと言える学級。ごめんなさいが言える学級。よい学級と言っても、様々な見方や捉え方ができます。

では、そんなよい学級をつくる根幹は何でしょうか。「教師の人間性や道徳心」というものが考えられます。当然、社会人として、また社会で生きる1人として必要な力です。ですが、それは教師という仕事に限ったことではありません。では「教師」にとって必要な力とは…。それは授業力です。

■授業力を高める方法

授業力を高める方法は、様々あります。ここでは、1人で取り組むことができ、なおかつ大きな効果を生み出すものを紹介します。それが自己省察です。

自分自身の授業づくりに対する姿勢や取組を自分自身で振り返り、認知し、改善していく。このプロセスを自己省察と言い、授業力を高め、よりよい学級経営をするためには欠かせないものです。

人は誰でも成功や失敗をします。その記憶を曖昧な記憶で留めるのか、きちんと向き合い、記録として残しておくかで、その後の行為や現象が大きく変わります。

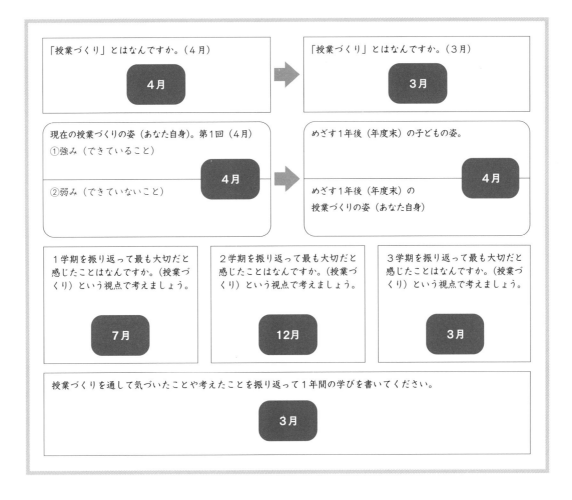

「授業づくり」とはなんですか。（4月）
4月

「授業づくり」とはなんですか。（3月）
3月

現在の授業づくりの姿（あなた自身）。第1回（4月）
①強み（できていること）
②弱み（できていないこと）
4月

めざす1年後（年度末）の子どもの姿。
めざす1年後（年度末）の
授業づくりの姿（あなた自身）
4月

1学期を振り返って最も大切だと感じたことはなんですか。（授業づくり）という視点で考えましょう。
7月

2学期を振り返って最も大切だと感じたことはなんですか。（授業づくり）という視点で考えましょう。
12月

3学期を振り返って最も大切だと感じたことはなんですか。（授業づくり）という視点で考えましょう。
3月

授業づくりを通して気づいたことや考えたことを振り返って1年間の学びを書いてください。
3月

02 授業づくり：OPPシートを活用してみよう

1枚ポートフォリオ評価（OPPA）とは、堀哲夫氏が考案したもので、教師のねらいとする授業の成果を、学習者が1枚の用紙の中に学習前・中・後の履歴として記録し、その全体を学習者自身が自己評価する方法を言います。このOPPAは、学習者に対して使用するものですが、教師自身が学習者として自己省察に活用することでも大きな成果が生まれると筆者は考えています。

ここでは、授業づくりという視点に立って、OPPシートを活用してみましょう。量にこだわるのではなく、自分自身の素直な考えや思いをシートに書きましょう。

OPPシートは、年4回学期の節目で活用しましょう。

1回目：4月
2回目：7月（1学期の終わり）
3回目：12月（2学期の終わり）
4回目：3月（3学期の終わり）

それぞれの箇所を書くたびに、思い描いたクラス、自分の姿やクラスの様子、最初の頃の自分と今の自分を必然的に比較したり関連付けたりすることになります。そこで自分自身が今どうなのかということを認識し、把握することができます。このシートを活用し、自分の成果や課題を可視化し、自分自身に向き合ってみましょう。

言葉遣い

▶ねらい

落ち着いた学級にするために、言葉が相手に与える力を知る。

▶指導のポイント

言葉は、相手に与える印象やその場の雰囲気を変える力があります。

「学級の雰囲気が悪く、みんな集中できていないのでは」「子どものトラブルが多くて困る」。

このような悩みは、言葉遣いを見直すことで未然に防ぐことができます。

学校や友達に慣れた3年生だからこそ、言葉遣いを見直し、学校生活を安心して過ごすことができるようにしてあげることが大切です。

例えば、友達関係に慣れた子どもたちだと、「やめろ」「うるさい」など、投げ捨てるような言葉を使います。でも、仲のよい友達同士でも傷付いたり、不安に感じたりすることがあります。これだと安心して生活することができません。

また、授業中に友達の興味を引くため、ふざけて発表する子どもがいたとします。その場は楽しくても、だんだんと学習の楽しさとはかけ離れた面白さを子どもたちは追い求めるようになります。

このようにマイナスな思考に陥る前に、プラスな言葉遣いを知り、温かい学級を目指せるようにしていきましょう。

■プラスな言葉遣い（例）
・すごいね！（褒め言葉）
・なるほど！（認める言葉）
・大丈夫？（気遣う言葉）

言葉遣いの指導

01 子どもの言葉で、子どもの声で

言葉遣いの指導は、教え込むのではなく、授業を通して言葉の力を実感させ、子ども自身が使っていこうと思えるようにすることが大切です。そのために、子どもたちから言葉を引き出し、声に出して言葉にする活動を行います。

〈学習の流れ〉
① よい言葉・わるい言葉を出し合う。
② 言葉のもつ力を考える。

はじめに、自分が思う「よい言葉・わるい言葉」を出し合います。そのとき、3つの場面を提示し、場面ごとに言葉を考えさせることで、生活場面をイメージしながら学ぶことができるようにします。

①教室に入ってあいさつする場面
➡【あいさつ言葉】
②ドッジボールをしている場面
➡【遊び言葉】
③教室で発表する場面
➡【発表言葉】

Point 言葉のもつ力を考え、この学級でどんな言葉を使って
いきたいかを考える

02 言葉のもつ力を考える

次に、言葉のもつ力を考えていきます。

「この言葉を言われたらどんな気持ちか」
「この言葉を言ったらどんな気持ちか」

　気持ちを想像することで、言葉が人に与える影響を
考えることができます。頭で考えるだけでなく声に出
して演技することで、体験的に学ぶこともできます。
　最後に、この学級でどんな言葉を使っていきたいか
を考えることで、共通した言葉の認識をもつことがで
きます。また、話し合った言葉を教室に掲示しておく
のもよいですね。

言葉のもつ力〈例〉

【あいさつ言葉】
○おはよう！→明るい雰囲気になる。
○おはようございます！→相手に伝わる。

【遊び言葉】
○すごい速いね！ナイス！
　→うれしくなる。やる気が出る。
○当ててみろ！ボールよこせ！
　→嫌な気持ち。雰囲気が悪くなる。

【発表言葉】
○1＋1の答えは2です。→聞く人に対して丁寧。
○1＋1は…2→自信がなさそう。

目指せ
聞き方名人

私は、グループで役割を決めるべきだと思います。理由は…

つまりこういうことだよね！

聞く力は話す力につながる

▶ねらい

　他者の考えに興味をもち、人の話を聞くよさを味わう。

▶指導のポイント

　3年生の発達の段階から、他者の考え方と自分の考え方を比べて物事を捉えられるようになります。だからこそ日々の積み重ねが必要ですが、聞くよさを味わうことが大切です。

　また、聞く力は話す力につながります。「相手が何を言いたいのか」「相手はどうしてそう思ったのか」を考えながら聞くことは、自分の考えを深める手助けとなります。

聞き方名人へのステップ3

01 聞き方名人ステップ1〈姿勢〉

　聞き方と言えば、まず姿勢を思い浮かべますよね。
「話し手のほうを向いて聞きましょう」
「話し手の目を見て聞きましょう」
　これは、よく聞く言葉です。では、なぜ姿勢が大切なのでしょう。この問いを子どもたちと共に考えてみてください。

　姿勢よく聞いてもらえると、話し手も気持ちがいいものです。大人も子どもも変わりません。聞く姿勢（聞く気持ち）がないと、話し手と聞き手との関係は生まれません。

　そう、聞くことは相手との関係なくして成立しないのです。だからこそ、聞く姿勢は大切なのです。

02 聞き方名人ステップ2〈説明〉

　ステップ2は、ただ聞いているからの脱却です。ここから、いよいよ3年生らしくなると言えるでしょう。姿勢がよくても、内容を捉えていなければ学びになりませんし、聞く意欲は長続きしません。

　そこで、聞く力を伸ばすために、聞いたことを説明させます。相手は、何を言っているのか。理由や考え方を繰り返したり、自分の言葉で言い直したりさせるのです。教科学習の中で実践していきましょう。
「〇〇さんの考え方をもう一度言えますか」
「〇〇さんの考えを、『つまり』で言い直せるかな」
　子どもの意見をつなげたり、ペア交流で意識させたりすることも効果的です。

■聞き方名人を見付けよう！
Point 共通点や相違点、疑問などを見付けて質問する

03 聞き方名人ステップ3 〈吸収〉

　最後に、ステップ3では聞くよさを味わうことを目的とします。ステップ2までを聞く土台とするならば、ステップ3を一番大切にしてほしいと思います。

　子どもたちは、他者の意見を聞くとき、様々なことを考えています。

　「私と同じ考え方だ」「少し違う考えだな」

　「うーん。何を言っているのか分からない」

　共通点や相違点、疑問などを見付けています。

　それを、言葉にしたり文字にしたりすることで、自分なりの考えとして表現されます。また、「分からない」を言えるのは素晴らしいことです。聞いて分からないことは、質問するという雰囲気を大切にしていきましょう。

04 振り返りを活用する

　1時間の授業を通して、子どもたちは多くの考え方に触れています。そこで、振り返りを通して、思考の整理をしてあげると、深い学びへとつながります。

　授業の中で、新しい発見をしたこと、分かったこと、疑問に感じたことを理由と共に書かせてみましょう。次の3点も大切に。

　「誰の意見」
　「誰との話合い」　　　でそう思ったのか。
　「どの話合いの場面」

　そして、振り返りを共有することで、話した友達も聞いた自分もプラスになり、学びだけでなく人間関係の成長にもつながります。

一人一役
当番

▸ねらい

　一人一役当番では、給食や掃除、日直などの当番とは別に、一人ひとりに決められた当番活動の役目を全うすることで、クラスの一員としての自覚を高める。

※2年生までは、学級担任が係を6〜8個ほど決めて、担当を振り分ける方法で活動している場合もあります。「自分たちで決められる」「どんな活動をしようかな」と、期待感をもたせることが大切です。

▸指導のポイント

　仕事内容は、誰もやらなかったら、教師か日直当番の子がやるような役割を、細かく割り振るイメージで考えるとよいでしょう。1週間の中で1回は必ず活動する役割にしておくことも

ポイントです。また、昨年度まで当番活動を経験したことがない子どももいるでしょう。そのような子には、「あなただけの当番」という責任感をもたせつつも、達成感を得られるような子ども同士の関わり合いをねらうことも大切です。

▸一人一役当番の例

　「教室で生活する上で必要な仕事」を細分化して考えます。1週間の中で、毎日ある当番と、週数回の当番に分けて考えると、イメージがしやすいでしょう。

◯ 毎日ある当番

- ・鍵・窓の開閉
- ・電気（電灯）
- ・返却物配り
- ・本棚整理
- ・靴箱整理
- ・黒板消し
- ・日直名札かけ替え
- ・日、時間割書き替え
- ・お助け（欠席者の分を助ける）

◯ 週数回の当番

- ・図書（鍵の開け閉め、貸し借り対応）
- ・掃除＆給食当番表の変更
- ・教科ごとの当番
- （例）国語：国語辞典配り＆回収
- 　　　音楽：教室置きの教科書を配る　等

活動の展開

01　どんな当番があるか考えよう

　前年度までに経験がなければ、どんな当番をつくればいいか分かりません。子どもたちと一緒に考え、「こういう当番もいいんだ」と安心させ、やってみたいと思う当番を考えさせることが、意欲的な活動につながります。

　一人一役当番は、上記の他にも学級の実態によってたくさんの役割があるはずです。教師はそれらを考え、子どもたちに提示します。

　また、黒板消しなどの毎日＆毎時間行う当番は、1・2時間目、3・4時間目と担当を分けることも大切です。活動量の差が大きくなると、不平不満の原因になったり、継続が難しくなったりします。実際に活動する子どもの気持ちになりきって、一緒に考えましょう。

02　うまく自分の当番をやれているか確かめよう

　よくある失敗例として、一人一役になるよう当番を決めたけど、「毎日やっている子」「何もしていない子」にくっきりと分かれることがあります。

　「やる気を出しなさい！」と怒りたくなりますが、やる気が起きないのはなぜでしょう。そもそも活動内容に問題があるかもしれません。

　当番を決めたときは、まだスタートラインです。活動がスタートしたら、うまくいっているかどうか「経過観察」をしましょう。観察のポイントは、仕事がこなせているかに加え、メンバー内で不満が溜まっていないかを見ることです。不満があっても、なかなか言い出せないものです。積極的に声をかけて、その思いを引き出すことが大切です。

Point 当番活動でクラスの一員としての自覚を高める

~責任感をもたせつつ、達成感を得られるように~

また、自分の当番活動について、振り返らせること
も大切です。以下の振り返り例を参考に、当番開始の
2週間後あたりに振り返らせてみましょう。

○ 振り返り例
・あなたの当番は何ですか。
・当番の仕事内容を書こう。
・自分の当番に点数をつけよう。
 ➡100点満点中…（　　　点）
・上手くいっているところはどこですか。
・今より1点上げるために、何ができますか？
・当番活動で、楽しいところややりがいがある
 ところを、友達に宣伝しよう！

振り返りを基に「当番活動報告会」を行うのもよい
でしょう。友達に自分の活動を聞いてもらえるだけで
も達成感を感じられます。また、他の当番の工夫を知
ることにもなります。

それでも上手くいかない場合は、こちらから「やりな
さい」と指導するのではなく、「どう？当番はうまくや
れているかな？」と声をかけ、一緒に活動内容を振り返
ってあげることも必要です。活動内容が難しいなら難易
度を下げ、習慣化が難しいなら活動する時間を決めて、
毎回声かけをするなど、こちらから働きかけましょう。

また、一人一役当番は、一人ひとりが自分の役割を理
解して、こちらから働きかけなくても自分で進んで活動
できるようにするため、学期ごとに決めることをおすす
めします。

給食・掃除指導

▶ねらい

子どもにとっては意欲的に活動しにくい給食・掃除当番を、「どのように活動したいか」考えさせることで、学級経営につなげる。

▶指導のポイント

給食当番や掃除当番は、どの学年・学級にもあるでしょう。子どもたちは、これまでの2年間で経験しているからこそ軽んじてしまい、友達との関わりや会社活動など、他の活動を優先しがちです。一人一役当番と同様に、「クラスの一員として」活動することを意識させることが大切です。また、「よりレベルが高い人ってどんな人かな?」と想像させることで、給食・掃除当番を通して成長を実感させられます。

▶当番を替える頻度は?

給食・掃除当番の活動内容は、毎週替えますか?　それとも1か月ごと?　中には、1学期中は同じという学級もあるでしょう。

給食・掃除当番も指導のチャンスとしてねらいをもつなら、子どもやクラスの実態を見極め、柔軟に対応していくことが求められます。それぞれのメリット・デメリットを考えて、戦略的に替えましょう。

【毎週替える】

○ いろいろな役割を経験できる。

○ ペアが替わり、より多くの友達と関わることができる。

△ 役割の内容を忘れてしまう。

【1か月ごと】

○ 当番活動が上達しやすい。

○ 席替えのように、待ち遠しくなる。

△ 飽きる子・適当に済ませる子が現れる。

指導の留意点

 当たり前のレベルを上げる「給食指導」

給食当番の一連の流れは、1・2年生のうちに身に付いています。しかし、これまでの学級によって、当番の並び方、配膳台の位置、配膳方法などが違います。これまでの各学級のルールを聞きつつ、「より早いのは?」「配りミスが少ないのは?」と問いかけ、子どもたちに行動を考えさせましょう。

また、1番のトラブルの種は、「おかわり」です。「食べ物の恨みは怖い」という言葉の通り、おかわりのルールを軽んじてはいけません。第1希望を聞いて一部の子どもに偏らないようにしたり、教師の前でじゃんけんをさせたりして、公正公平に配りましょう。

また、給食指導を通して、2列での歩き方や、教師がいないときの待ち方などを指導できます。ルーブリックを作成・掲示し、具体的な姿について子どもたちと共有しておくと、「○○さんの待ち方、Aだったね!」と指導しやすくなります。さらに、「Aよりすごいsってどんな人?」と問い、よりレベルの高い状態を想像させ、レベルアップを図りましょう。

給食の待ち方（ルーブリックの例）	
A	静かに座っている　・準備○
B	しゃべっている　・　準備○
C	準備×

Point 当番活動を通してクラスへの所属感を高める

給食

掃除

02 「掃除指導」は、何をするかを明確にしよう

3年生になり、階段や特別教室など、教室以外の掃除を分担することが多いでしょう。

掃除当番は、場所ごとに子どもを振り分けてから、「ほうき」「ミニほうき・ちりとり」「雑巾・水替え」「机運び・揃え」と、一人一役当番になるように担当を細かく割り振ります。

そのため、水替えがされていなければ「水替え」担当の人が忘れていたことになりますが、決して1人を責めることはしません。「助け合うこと」の大切さを指導するため、「同じグループで助け合うにはどんな心が必要かな?」と問いかけ、同じグループ内で責任をもって掃除を終えることを指導します。

昼休みの後に掃除時間が設定されている学校であれば、休み時間という「動」の活動から、掃除という「静」の活動に切り替わるために時間がかかります。そのため、4月や週の初めに、次のような活動を入れましょう。

[活動例]
1. 掃除の時間になったら、自分の掃除当番を確認してから着席させる。
2. 掃除してピカピカになった様子を想像させる。
3. 掃除で頑張りたいことを、友達に宣言する。
　「今日の掃除は、○○を頑張ります!」

宿題①

▶ねらい

与えられた宿題をしっかりとこなすことを目標にすることで、子どもたちに達成感を得られるようにする。

▶指導のポイント

宿題は、基本的に家庭で行います。そのため、子どもが家に帰ってから保護者に「どうやったらいいか分からない」「難しすぎる」と訴えれば、信頼を損ないます。学級の子ども全員に、「これならできる」という見通しをもたせることが大切です。

また、宿題は「いつまでに」「どこに」出すのかを、学級全体で共有しておきましょう。

▶どんな宿題を出す？

3年生になり、新たな教科が増えたことによって関わる先生が増えたり、より対話的な学びが行われたりと、いろいろな変化があります。そこに加えて宿題もアレンジしすぎたものを与えると、子どもも保護者も困惑してしまいます。そのため、旧学年の担任から、どんな宿題を出していたのか、提出状況はどうだったかなどを、事前に聞いておきましょう。また、他クラスと比べて宿題の量や種類に差がありすぎると、保護者が不安に感じることがあります。全てを合わせる必要はありませんが、事前にどんな宿題を出すのかを共通理解しておくことが大切です。

より子どもたちの主体性や創意工夫の意欲を高めるために、「自主学習（自由学習）」（P.86参照）に取り組むことも考えられますが、4月から開始するのは待ったほうがよいでしょう。まずは簡単・単純な内容で、クラスの全員が「提出できた！」という達成感を得られるようにしましょう。

宿題の例

01 新出漢字・漢字テスト

漢字ノートを使うなら、どんなノートを用意すればよいか、手紙で伝えましょう（3年生は104字がおすすめです）。

最初の漢字でお手本を用意し、最初のページに貼らせておきます。ドリルのどこを写せばいいのかを明確にしましょう。

さらに、例文を創作したり、イラストやよくある間違いなどを書いたりしてもいいことを伝えると、工夫してくる子どもが現れます。また、どういう場合に赤ペンで直しを書くか、やり直しがあるかを子どもたちに示しておくことも大切です。

02 計算ドリル

漢字ノート同様、ドリルと別で計算ノートを使うなら、事前に連絡をしましょう（5mm方眼がよいです）。

宿題の方法で失敗させないよう、「ドリル書き込み」か「ノートに書く」のか、何ページをするのかなどを連絡帳などで明確にしておきましょう。

ノートに書く際は、「日付」「ドリルのページ」「問題番号」の3つを必ず書かせます。初めの算数の授業で、一緒に取り組むとよいでしょう。また、学校や学年の実態によりますが、自分で丸付けをしてから出すようにすると、「自分で間違いに気付ける」「直しまで終わらせて出せる」というメリットがあります。

Point どんな宿題でも子どもたちに達成感が得られるように！

漢字ドリル

音読

計算ドリル

リコーダー

03 音読・リコーダーなど

音読やリコーダーの宿題は、住宅の状況によっては自宅で取り組めない子がいます。また、保護者に聴いてもらえない子もいます。そこで、選択肢を与えて幅をもたせましょう。

カードを作成し、「大人の人にサインを書いてもらう」というルールをつくると、こっそりハンコを押すなどの場合に、指導しなくてはいけなくなります。そこで、カードには「日付」「取り組んだ宿題・回数」「感想」などを書かせ、子どもと教師だけで完結するようにするとよいでしょう。

「何のために宿題を出すのか」を考えてみてください。家でも学習する習慣を付けるため、今日学習した内容を復習するため、お家の人とコミュニケーションを取るため、いろいろな理由が考えられます。

しかし、家庭の実態によって出せない子がいるかもしれません。そういう場合は、宿題量を減らしたり、赤ペンでヒントをあげたり、特別支援学級に在籍している子は別で用意してもらったりして、「これを出せばOK」というゴールを示しましょう。また、宿題をテーマに保護者と連絡を取り合うと、家庭での様子を教えてもらうきっかけにもなります。

子どもが主体的に取り組めるような宿題を工夫し、全員が「提出」できるような「個別最適な学び」の視点をもつことが大切です。

社会

▶ねらい

　学校の周りにある建物や場所について話し合うことを通して、自分が暮らす地域に興味・関心をもつ。

▶指導のポイント

　子どもたちは、新しい社会の学習を楽しみにしています。知識・技能に偏りがちな社会の学習こそ、子どもたちのわくわく感をもとに体験的な学びを進めていきましょう。

　そこで、大切にしたいことは、自分が地域について知っている知識と友達が知っている知識の「ズレ」を生かして学習を進めていくことです。

▶知っている？ わたしたちのまちのこと

　3年生では、地域学習の中で、建物やそこで働く人たちについて学びを深めていきます。

　4月のはじめに地域のことを「もっと知りたい。調べてみたい」と思えるような展開を考えていきましょう。

　あくまでも子どもの思考を大切に、「こうしたい」という思いを引き出すことを意識しましょう。ここでは、学校の周りに何があるのかを話し合う活動を紹介します。

　学校の周りのこととはいえ、自分たちが、知っていることには限界があります。そのまま学校の周りには何があり、どこにあるのかを話し合うと机上の空論になってしまい、「実際に見て確かめないと正確には分からない」となっていきます。つまり、屋上でまちを見渡したり、校区探検に出かけたりする必要性が生まれるのです。

　この必要感を大切にした授業展開を考えていきましょう。

学校の周りには何があるのかな？

01 どれだけ知っているのかな？

　はじめに、「学校の周りには、どんな建物や場所があるのかな」と問い、短冊に思い出す限り書かせる活動を行います。友達と相談して書いたり、自分で窓を眺めたりさせるのもよいでしょう。

02 それはどこにあるのかな？

　書いた短冊をそれがどこにあるのかを話し合いながら、教室の壁に貼っていきます。すると、どこかで意見が分かれるところが出てくるでしょう。そこで、「調べに行きたい。確かめに行きたい」を引き出すのです。

知っている？　わたしたちのまちのこと

（吹き出し）あれ？　神社はどこにあったかな？

（吹き出し）あっ！　そういうことか！

（吹き出し）よし！　調べたことをまとめるぞ！

社会では、必要感を大切にした授業展開を！

03　見学してまとめる

　実際に屋上から見渡したり、校区探検を行ったりします。その前に、ノートや白紙の紙に友達と調べながらまとめることを伝えておきましょう。1人では見付けることができなくても、「友達とならできた」という実感をもたせることも大切です。

04　次の知りたいやってみたい

友達の考え方と擦り合わせを行い、学びを進める

　見学が終われば、調べたことを基に、どこに何があったのか話し合うことができるでしょう。しかし、まとめたものを見合うと子どもによって向きがバラバラです。そこで、次に方位や地図、地図記号などの必要性が生まれます。

理科

▶体験を通して問題を見いだす

　理科では実物に触れ、体験していく学習を大切にしています。その体験から問題を見いだし、理科の見方・考え方を働かせながら、その問題を解決していきます。

▶ねらい

　ビンゴゲームを通して、自ら問題を見いだし解決していこうとする態度を育む。

▶指導のポイント

　3年生で理科の学習が始まります。子どもたちは、「どんな学習をするのだろう」と、わくわくしていることでしょう。このわくわく感を大切に、理科が楽しいと思えるような授業を考えていくことが大切です。また、子ども自身が問題を見いだし、解決するために観察・実験をしていきたいという気持ちを育てられるようにしましょう。

活動の展開

01 ネイチャービンゴで自然観察

　自然の生き物に興味をもたせるために、ネイチャービンゴを活用します。まずは、右のワークシートを配ります。枠の中に当てはまる生き物は、学校の中にいる生き物です。考えさせると、様々な答えが出てくるでしょう。

【発問例】
T：「枠の中に入る生き物は、学校にいます。どんな生き物が入るでしょう」
C：「黒い生き物はダンゴムシだね」
C：「黒はアリじゃないかな」
C：「他にもたくさんありそうだよ」
C：「ん？黄色って何だろう？」

02 自然観察に出かける

　左の話合いをしていると、子どもたちに観察して確かめたい・観察しないと分からないという思いが生まれます。その「観察したい」を取り上げ、自然観察に出かけましょう。

　このゲーム的な活動には、「子どもが考え・疑問を抱き・解決したい」という3要素が込められています。ゲームを通して、楽しく学び、新しい発見が生まれるようにしてあげることが大切です。

ネイチャービンゴ

年　　組　　　名前＿＿＿＿＿＿＿＿＿＿

□には、学校の中にいる生きものが入ります！
□の中の言葉をヒントに考えてみよう！
「しょくぶつ」も「どうぶつ」も生きものに入るよ！

黒色	まるい形	つるつるしてる
ぎざぎざしてる	赤色	手より大きい
白色	細長い	黄色

外国語活動

▶ ねらい

外国語を聞くこと、話すことなどの言語活動を通して、コミュニケーションを図る素地となる資質・能力を育成する。

▶ 指導のポイント

外国語（英語）は、多くの学校で高校を卒業するまで履修する教科です。そのスタートが3年生の外国語活動です。英語嫌いを生まないために、楽しく英語に慣れ親しむことができるように指導することが大切です。

▶ 特別なことをする時間ではない

外国語活動の時間になると、教師がやたらとテンションを上げて別人になったかのような授業を見ることがあります。もちろん、いけないことではありませんが、外国語活動だからといって無理にテンションを上げる必要はありません。英語を話す人のテンションが常に高いなどということはありませんよね。

また、ALTやAET、JTEにお任せすることもいけません。あくまで「外国語指導助手」という立場です。授業のデザインや、全体進行は教師が進めます。発音や難語などの専門性が求められるときに有効に関わってもらいましょう。子どもたちは、教師のできる姿ではなく、苦手であってもチャレンジする姿を見ているのです。

指導の留意点

01 **17.5億人と会話ができる**

外国語（英語）をなぜ学ぶのか。なぜ外国語活動をするのでしょうか。はじめて外国語を学ぶ子どもたちに、どのように話しますか？

実は、世界で英語を話せる人の数は17.5億人いるとも言われています。それだけ多くの友達や仲間をつくることができるということです。言語はコミュニケーションにおいて有効な手段の1つです。

英語を話すことができれば、もっともっと世界が広がる。自分自身の可能性を広げるためにこれから学んでいくのだという期待をもたせてあげましょう。

02 **先のイメージをもたせる**

1年後、2年後、3年後、4年後の姿をイメージとしてもたせることが有効です。

準備として必要なことは、各学年（4〜6年生）の子ども1名に英語でインタビューをしたり、スピーチをしたりしてもらいましょう。それをビデオに撮っておき、1番初めの授業に見せましょう。上級生の話す姿や立ち振る舞いに、自然と子どもたちの意欲は高まっていきます。

そのときに、合わせてワークシートも準備しておき、聞き取れた内容をメモさせておきましょう。おそらく、最初はほとんどの内容が聞き取れないでしょう。1年後、もう一度同じ映像を見て内容を聞き取らせてみましょう。子どもたちが成長を実感すること間違いありません。

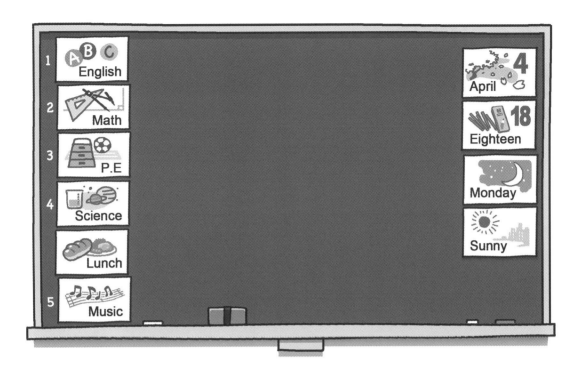

Point

黒板の左側には、英語での時間割を掲示。右側には英語での「月」「日」「曜日」「天気」などを掲示する。子どもたちがイメージしやすく、英語へ慣れ親しむよう、イラストとセットで掲示する。

03 スモールトークやティーチャートークを活用する

　子どもたちの日常生活では、英語を使う場面が頻繁にあるわけではありません。外国語活動の時間では、必然性のある場面を設定することが必要です。

　そのときに有効になってくるのが英語でのちょっとした小話、ALTとのスモールトークやティーチャートークです。単元のゴール段階で発話させたい会話文を織り交ぜて、やり取りをする姿を先生自ら見せましょう。

　最初に単元のゴールを理解させることで、何のために学ぶのか、何を学ぶのか、どのように学ぶのかというイメージをもって子どもたちは学び始めることができます。

04 イラストを有効活用しよう

　外国語活動では、「聞くこと」「話すこと」が学習内容になってきます。ただ、聞いているだけでは、イメージがしにくい子どもは多くいます。視覚に訴えるためにも、必ずイラストとセットで掲示をするようにしましょう。子どもはイラストと言葉を結び付けて覚えていきます。また外国語活動の時間だけでなく、少しずつ、教室の掲示物も変更していきましょう。上の絵のように、時間割や、日時、天気などは、イラストがついていれば子どもは自然と理解していきます。英語が身近にある空間をつくり出すだけで、どんどん力は高まっていきます。習っていない言葉でもイラストがあれば、子どもは理解することもよくあります。

総合的な学習の時間

単元名：未来へつなげ　エドヒガン

▶ねらい

　桜の保護活動を通して、大切に守ってきた地域の人の取組や思いを理解し、未来へつないでいくための具体的な取組について考え、自らの行動に生かすことができるようにする。

▶地域と連携して学習を展開することについて

　以前、勤務していた地域には、美しい桜の群生地がありました。ここに例示するのは、その群生地を学習材として実際に展開した単元です。内容のまとまりとしては「環境」に当たります。

　この桜の群生地は、地域の高齢者（「守る会」とする）の手で保護活動が行われており、3年生は「守る会」の協力により、一緒に保護活動をさせていただいていました。「守る会」の皆さんは、子どもたちに愛情たっぷりに接してくださり、子どもたちと「守る会」の皆さんの間にはただ一緒に保護活動をしているというだけではない、温かな時間が流れていました。ここで学習すると、多くの子どもたちが次第に「この桜を自分たちの力で守っていきたい」という思いをもつようになりますが、地域には他にも美しい場所があります。それでも子どもたちに「この桜を」と思わせるのは、大好きな「守る会」の皆さんが大切に守ってきた桜であるからでしょう。

　総合的な学習の時間の目標の3つ目に、「…積極的に社会に参画しようとする態度を養う」とありますが、そのためには、特に地域を学習材とする場合、その学習過程において、地域を愛し、よりよくするために考え、行動している、そして子どもたちに真剣に向き合ってくださる**地域の大人の存在**が重要です。本事例では「守る会」の皆さんがそれに当たります。こうした地域の大人との学びは**子どもたちを本気**にさせ、小さくても「自分たちの力で地域の課題を改善できた」と思えることの積み重ねが、やがて子どもたちが「自分たちの力でこの地域をよくしていこう」と思え、行動することにつながるのだと思います。

単元の展開

01 課題の設定

　課題を設定する場面では、対象に直接触れる体験活動が重要です。

　本事例では、「守る会」の皆さんの協力のもと、年間を通じて、桜の群生地でのフィールドワークと保護活動を行いました。

　子どもたちは、四季折々の自然を体全体で楽しみ、間伐や下草刈り等、保護活動のお手伝いをしながら、多くを学び、同時に様々に課題をもちました。

　渓での活動の3分の2程度を終えた頃、子どもたちは、さらに探究したいこととして、「渓の植物」「空気の汚れと自然の関係」等、それぞれの課題を設定しました。

02 情報の収集

　情報の収集には、観察、実験、見学、調査、探索、追体験など様々な方法があります。本事例では、文献やインターネット等で調べつつ、分からないことを次回の保護活動までに整理し、「守る会」の皆さんにインタビューするなどしました。

▶探究的な学習とするための指導のポイント

　探究的な学習とするためには、「目標を実現するにふさわしい探究課題」と「探究課題の解決を通して育成を目指す具体的な資質・能力」を設定するとともに、学習過程が以下のようになることが重要とされています。

【①課題の設定】体験活動などを通して、課題を設定し課題意識をもつ

【②情報の収集】必要な情報を取り出したり収集したりする

【③整理・分析】収集した情報を、整理したり分析したりして思考する

【④まとめ・表現】気付きや発見、自分の考えなどをまとめ、判断し、表現する

　この過程は、いつも①〜④が順序よく繰り返されるわけではなく、順番が前後することもありますし、1つの活動の中に複数のプロセスが一体化して同時に行われる場合もあります。また何度も繰り返され、高まっていきます。

　本事例も実際には、これらのプロセスを繰り返したり行ったり来たりしながら進めたものですので、単元の流れはおよそのイメージとして参照ください。

（下線及び右図は『小学校学習指導要領（平成29年告示）解説　総合的な学習の時間編』より引用）

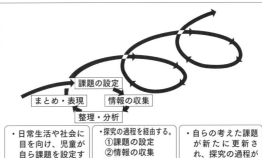

探究的な学習における児童の学習の姿

| 課題の設定 |
| まとめ・表現　情報の収集 |
| 整理・分析 |

・日常生活や社会に目を向け、児童が自ら課題を設定する。

・探究の過程を経由する。
①課題の設定
②情報の収集
③整理・分析
④まとめ・表現

・自らの考えた課題が新たに更新され、探究の過程が繰り返される。

03 整理・分析

　ここでは、収集した多様な情報を整理したり分析したりして、思考する活動へと高めます。考えるための技法としては、「順序付ける」「比較する」「分類する」「抽象化する（一般化する、統合する）」などがあります。またそのための思考ツールとしては、例えば、「抽象化する（一般化する、統合する）」であれば、**グルーピング**などが考えられます。本事例では、課題が同じ子ども同士でグループを組み、収集した情報を**付箋**に書き出し、分類しました。

04 まとめ・表現

　子どもたちは、まとめたり表現したりすることで、情報を再構成したり、自分の考えをより明確にしたりすることができます。また、他教科等で身に付けた、まとめたり表現したりする方法を活用することができます。

　本事例では、ポスターや図鑑等、自分たちに合う方法をグループごとに選択しました。

　また学習の過程において、「地域の人に桜の群生地や『守る会』のことを知ってもらいたいし、一緒に守ってほしい」との思いが芽生え、最終的には、各グループがまとめた内容を少しずつ取り入れたパンフレットを作成し、近隣の商店街の協力を得て、お客さんに配っていただきました。

朝の会・帰りの会

▶ねらい

　1日を気持ちよく過ごすとともに、毎日の成長を促すため、朝の会・帰りの会にねらいをもって取り組むようにする。

▶指導のポイント

　毎日の活動だからこそ大切にしたいものです。ルーティーンを組むことも大切ですが、話合いを見直し、修正して1年間で積み上げていきましょう。子どもの活躍の場を保障し、短時間で学級によい雰囲気が循環するようにしましょう。また、決められた時間で終わることも大切です。タイマーを上手く使いながら行うと、段取りよく進行することができます。

▶会の流れを視覚化する

　朝の会や帰りの会がスムーズにいくように、流れを書いた紙が1枚あると便利です。自分で進めることもできるし、流れが分かった子どもがリードすることもできます。

　また、子どもでもすぐに覚えられる、朝の会・帰りの会の司会マニュアルなどもあると便利です。

●司会マニュアル●

①朝のあいさつをします。

　「おはようございます」→みんなで。

②今日のめあては「～です」。

　1日がんばりましょう。

③プチハッピーを伝えます。→すわる。

④先生からの連絡です。

指導の留意点

01 朝の会は子どもの活躍の場

　元気に1日を過ごすために、みんなで頑張ることを共有する時間です。短い時間で進めていきましょう。

　1．あいさつ
　2．今日のめあて
　3．プチハッピーのペアトーク
　　（24時間以内に起きた嬉しかったことを互いに言い合い、お互い「いいね！」を伝えます）
　4．連絡

　これを基本とし、あとは限られた時間の中でできることを子どもと話し合って決めていくことをおすすめします。

　これもマイナーチェンジが必要です。1年間同じ活動では飽きてきます。ある程度の慣れは必要ですが、レベルアップしていく感覚があると子どもたちのやる気は持続します。

　スピーチを取り入れる際は、時間を決めてみたり、テーマを決めてみたり工夫できることがたくさんあります。そして、何より学習したことを生かすことのできる場になるわけです。

Point 帰りの会では反省よりも、褒めることを意識しよう！
⇒明日への活力をつける！！

> 今日の振り返りをします！

02 帰りの会は「明日への活力」

　帰りの会がダラダラすると、1日の疲労感も出てきます。習い事で早く帰りたい子、早く遊びたい子など、1日学校生活を頑張った子どもたちは次のことに気が向いています。だからこそ、さっと終わること。

　でも、やるべきことはしっかりやる。「終わりよければ全てよし！」ではないですが、終わりを大切にするからこそ、また始めることができるのです。

1. 今日の振り返り
2. 連絡
3. あいさつ「また明日」

　早ければ2分で終わりの会は終了です。

　あいさつは「また明日」。多くの学校では「さようなら」とあいさつすることが多いと思います。でも、「さようなら」と言って、もしも明日会えなかったら…。「さようなら」をあいさつにする場合も「また明日」という思いを込めたいものです。

　「また、明日」には今日も1日ありがとう、また明日もみんなで会おうね。という思いが込められています。

　無事に1日が終えられたことに感謝し、明日への活力を蓄えてそれぞれが帰宅していく。そして、また朝を迎えて学校へ！「さようなら」以外の言葉をあいさつにすることで、学級文化も生まれます。これを子どもと話し合って決めていくのもよいでしょう。当たり前を当たり前ではないと捉えられるような言葉もおすすめです。

朝・昼学習

▶ねらい

　15分程度の学習タイムは力を付けるチャンスであるため、計画的に学習を進めることで、子ども自ら主体的に学習に向かえるよう、指導を工夫する。

▶指導のポイント

　曜日で行うことを決める、もしくは授業から派生したことを自由に調べたり、まとめたりする時間にすることも可能です。習慣的に行うこと、流動的に行うことなどを取り入れながら進めていくと、①流れを自分で判断して行う力、②今、興味のあることを自分自身で探究していく力。この2つの力を育成することができます。

▶短時間学習を充実させるために

　15分程度の活動は集中力が持続するため、あっという間に時間が経ちます。

　朝学習は時間に追われることもあります。よって、習慣的なプログラムを組むことで、ルーティーンとして取り組むことができます。朝、落ち着いたスタートができると、その日の授業の質も上がっていくものです。

　昼学習やモジュールタイムなど、設けられている学校もあります。この場合は、子どもたちが今日の課題を自分で考える活動を取り入れてもおもしろいでしょう。また、月間などでテーマを決めて、みんなで取り組むことで共有することもできます。例えば、給食の感想や気付きなどを記録し、交流する中で、調べたいことなどが見付かり自分で学びを広げていくことにつながります。

活動のアイデア例

01 朝学習

　朝学習では、曜日でやることを設定します。

月曜日：計算
火曜日：漢字
水曜日：読書
木曜日：漢字
金曜日：計算

日にち	番号	サイン

　漢字や計算などのスキル学習を中心に行うことで、集中力をアップさせます。内容はそれぞれ個別に進められるプリントや冊子を用意して、答え合わせも自分で行うようにします。その際、①引き出しに種類ごとにプリントを管理する（自由に選ぶ）、②取り組んだことがひと目で分かる表を用います。

　時々、定着を図るために小テストなどを行うこともおすすめです。具体的には、漢字や計算、国名や都道府県、図形の作図などをテストします。習慣化することでやることが明確になり、声をかけなくても自分たちで進めていくことができますが、マンネリ化してしまう傾向もあります。小テストは、それを防ぐ効果も期待できます。

　また、読書時間も大切です。本との出会いで語彙は豊かになっていきます。教室で読むことで、担任は「あの子はその本を読んでいるのか」という情報をキャッチすることができ、子どもとの新たな会話の糸口になっていきます。

Point 短時間学習ではマネジメントが大切！

朝学習 ㊋㊍

漢字

㊊㊌㊎　　　　　　朝学習

計算

昼・モジュール学習
テーマを決める

タブレット

昼・モジュール学習

チームで学ぶ　音読

※タイピングをトーナメント形式にしてスピードアップを図ると授業がスムーズになる。

02 昼学習・モジュール学習

◎テーマを決めて取り組む

　15分を帯の活動として、探究の時間にすることもできます。宿題で自主学習や調べ学習があることもありますが、そのことについてもっと知りたいと思っているときに、タイムリーに取り組める時間とすることもおすすめです。

◎チームで読み聞かせや音読を行う

　朝は1人学び、昼は協働的な学びにすることでメリハリを付けられます。音読をグループで工夫したり、低学年への読み聞かせの練習をしたり、表現の時間を保障することもできます。

◎その日の気付きを日記風に

　毎日同じ時間に同じことを考える時間とし、日記を書いたり、今日の気付きや自分が成長したと思ったことを残したりする時間にします。週末には1週間分見直して、思ったこと感じたことが日によって違うことを実感します。

◎国語や道徳の事前読み

　授業において、考えることや話し合うことをメインにするために、事前に取り組めることを行います。道徳などでは自分でお話を読み進めていくことで、範読とはまた違った気付きが生まれます。

3年生としての道徳科

▶ねらい

中学年の道徳科では、様々な事象を自分事として捉えていく。また、自分の考えをもつとともに、ものの見方・考え方を広げたり、深めたりしていくことで自分なりに判断する力を養う。

▶指導のポイント

低学年の教材は、登場人物の気持ちが分かりやすかったり、場面が想像しやすかったりするものが多いです。しかし、中学年では、少し抽象的な事象が入ってきます。3年生では、日常生活とつながりや結び付きについて目を向けることが大切です。そのことによって、学びの連続性に気付くチャンスとなります。

▶学校教育全体で道徳性を養う

まだまだ経験不足の子どもたちですが、毎日様々なことを感じ、一生懸命生きています。「自分の生き方をよりよくするために」という視点を与えることで、少しずつ物事を俯瞰して見つめることができるようになります。

また、道徳科の指導だけで子どもは育つわけではありません。学校教育全体で、子どもに道徳性を養う必要があります。例えば、道徳科の中で使われている言葉などを、その他の教科の授業や日常生活で使うことで、学びは日常の中にあり、つながっていることを子ども自身が実感することができます。

そして、自分だけで生きているわけではなく、支え合って生きていることを学習の中で学び、それを経験する時間を設定することで心を豊かにしていくようにしましょう。

指導のアイデア

01 子どもの声を生かした授業展開

道徳科の指導の中で大切にしたいことは、子どもの本音です。きれいな言葉を並べて発言するのではなく、自分の言葉で自分の思いを語ることができる子どもの姿を目指します。

そのためには、授業の流れはシンプルにすることがポイントになります。

また、子どもが自分の思いを語ることができる場の設定も大切です。そのためには、じっくり考える時間の保障も必要となります。

子どもとある程度の授業スタイルを共有しておくことで、1年間の成長を見取ることもできます。教材の中には考えを深めたい場面はたくさんありますが、子どもの実態に応じて焦点化することも大切です。

〜授業展開（案）〜

導入：子どものありのままの思いや考えを表現する。
・日常生活場面を振り返る。
・教材に興味が向くような仕掛け。

展開：教材から考えたことを表現する。
・共感・疑問・不思議などを大切にしながら進めていく。
※具体的な手立ては02参照。

終末：1時間の学びの中で、子ども自身が自分の変容について振り返りを行う。

Point 35時間の道徳科の学びをつなげていく

① ポートフォリオ形式で毎時間振り返りをためておく。

② OPPシートで1枚のポートフォリオにする。

③ 動画で振り返りを残す。

気付いたことを書いただけだけど、その時々で考えていることが違うね

ルールのことは、普段の生活につながるな

02 子どもの本音を引き出すための手立て

手立て①：「登場人物になりきる」（役割演技）
　　会話文などを声に出し、そのときの気持ちを考える。登場人物の人数によってはペア活動などを取り入れる。

手立て②：「インタビュー形式の役割演技」
　　登場人物に対してどのように考えているのかインタビューをする。
　　インタビューするときには、空間や時間などの設定も確認してから行う。

手立て③：「鳥になったつもりで物事を見る」
　　お話の世界から少し離れて物事を見るように促す。第三者視点を取り入れる。

※週に1時間の道徳科の学びがつながるように、学びは蓄積していきます。
1．ポートフォリオ形式で毎時間振り返りをためておく（たくさんの情報が残る）。
2．OPPシートで1枚のポートフォリオにする（ひと目で学びのつながりが分かりやすく、蓄積も簡単である）。
3．動画で振り返りを残す（今感じていることを動画にすることで、そのときの表情、声などにも思いが出ることを体感できる）。

　しかし、蓄積しただけでは意味がありません。残したものを使ってこそ、教師の授業改善になります。また、子どもには、学びの連続性に気付くきっかけになります。

休み時間の過ごし方

▶ねらい

休み時間には意図をもって観察することで、子どもたち同士のつながりを見付けたり、新しいつながりをつくったりする。

▶指導のポイント

教師にとって、休み時間は休む時間ではありません。活動内容が明確な「授業」では、友達がいなくても居心地が悪くても、活動することができます。しかし、自由度の高い「休み時間」では、そうはいきません。学級を経営するに当たって、子どもたち一人ひとりが「心地いい」と感じられる学級でありたいものです。そのために、一人ひとりを観察したり、時には意図的につなげたりすることが必要です。

▶気になる子の特徴

どんな子に注目すればよいのでしょうか。そして、どのように働きかけたらよいのでしょうか。1人で読書をしている子に、「どうしてみんなと遊ばないの？」と聞いても、「誰も私のことを理解してくれない」と心を閉ざします。そもそも1人の時間が好きで、大好きな読書を楽しんでいるかもしれないからです。

まずは、「観察」することが大切です。「楽しくなさそう」にしている子に着目してください。そして、「何に困っているのか」を考えましょう。

右のイラストで、気になる子は、どの子でしょうか。ついつい、「一人ぼっちで寂しそうにしている子」ばかり注目しがちですが、よく見てみると、「ドッジボールに嫌々参加する子」や、「ジャンケンに参加したいけど参加できずにいる子」がいます。

では、どうするか。下の集団遊びを活用して、「意図的につながる」活動を与えてみましょう。

集団遊びの例

01 雨の日遊び

雨の日は、教室で「鬼ごっこ」が始まってしまうことがあります。それを未然に防ぐために、教師側からみんなでできる教室遊びを募集しましょう。
・フルーツバスケット、何でもバスケット
・王様じゃんけん（盛り上がります）・○×クイズ

02 みんな遊び（会社活動）

会社活動（係活動）では、「毎週○曜日の昼休みはみんな遊び」という学級のルールをつくります。遊びを募集するところからお任せすれば、いろいろいろな遊びが出てきます。会社活動が活発になれば、毎日何かしらの活動が行われるようになります。

Point 休み時間に子どもたちを観察すると見えてくるものが
たくさんある

03 班遊び

　班遊びは、座席ごとに決めた生活班の5〜6人で行います。「生活班では協力が不可欠です。お互いを分かり合うために班遊びをします」と、目的を伝えます。
・授業を早めに終え、遊びを考えさせる。
・遊びの後、もっと仲よくなるためにどうすればいいか相談して、全体で交流する。

04 号車遊び・給食当番遊びなど

　みんな遊びでは、活動量や関わり合いが少ない子が現れます。そこで、教室の座席を2列ずつに分けた「号車」で3〜4分割したり、「給食当番」で2分割したりして、人数を減らしたみんな遊びをしてみましょう。メンバーが変われば、新たなつながりが生まれるのでおすすめです。

1年の目標を決めよう

（キャリア・パスポート）

▶ ねらい

どのように1年間を過ごしたいかについて具体的にゴールの姿をイメージすることで、その過程で何を頑張るかを具体的に考えるようにする。

▶ 指導のポイント

4月の子どもたちはワクワク・ドキドキしています。新しいことを始めるときは、大抵プラスの感情をもっています。「頑張るぞ！」「やるぞ！」そんな気持ちをもっているときに目標を考えることで、手に届きそうで今はまだ届いていないものが目標になってきます。4月の時期にゴールを考えることが3月のキャリア・パスポートで長い時間を振り返るための材料となります。

STEP UP！

目標

頑張るぞ！

活動の展開

01 今の自分を見つめて

自分のことを自分自身で理解するのは難しいものです。「自分のことをどれだけ知っているのだろうか」と少し立ち止まって深く考える時間を設けます。

・今の自分にできること。
・今の自分の苦手なこと。
・頑張りたいとは思っているけど、なかなかうまくいかないこと。など

自分の弱さに注目していくことで、やるべきことが出てくることがあります。ペア活動も取り入れ、仲間にどのように見られているかを教えてもらいながら進めます。

02 得意を伸ばす

誰しも自分の得意なことがあります。「これだけは誰にも負けないぞ！」というところをこれからも伸ばしていくためには、なぜ、今それを頑張ることができているのかを分析する時間も大切になります。

得意なことを学級の中で使っていくことで磨きがかかります。リーダー活動として自分が率先して動くことで、みんなに広められそうなことを考えるようにします。

どんなに些細なことでもいいから、自分のできることを宣言していきます。

例：あいさつ呼びかけリーダー
　　ごみ拾いリーダーなど

1年の目標を決めるプロセス

01 今の自分を見つめて

02 得意を伸ばす

03 苦手を克服する

04 目標を立てたら宣言しよう

03 苦手を克服する

　得意なことがあれば、苦手なことも当然あります。自分の苦手なことは結構たくさん答えられる子どもも多いですが、そこに出てきたものは本当は少しはできていたり、気にするようなことではないこともあります。

　そんなときは、仲間と相談タイムを取ります。相手は自分のことを分かってくれそうな人を探します。そして、一緒に頑張ってくれそうなことを2人、3人で乗り越えられるように目標を決めます。苦手なことほど1人で頑張るのは難しいので、仲間の力を借りることを伝えます。

04 目標を立てたら宣言しよう

　目標を立てて終わりでは成長を感じることはできません。キャリア・パスポートへの書き込みだけでなく、別紙（上のイラスト参照）に記入し、常に自分の目に入るようにしておきます。

　大きな目標はみんなと共有するために掲示したり、発表したりします。そして、そのために頑張ることは、週間目標、月間目標の形にして、連絡帳やランドセルなどよく目にするところなどに保管し、いつでも記入できるようにしておきます。

　大きな目標を掲示している場合は、頑張っていることを見付けたら仲間に伝える付箋などを用意して、交換会をするのも効果的です。

教室掲示

▶ ねらい

　子どもにとって見やすく分かりやすい掲示物を作成し、教室環境を整える。

▶ 指導のポイント

　掲示物はできるだけ少ないほうがよいでしょう。情報が多すぎると混乱してしまう子どももいるため、必要なものだけを掲示するようにしましょう。また、掲示物は年間を通して増えてきます。毎回、教師が掲示物を配置し直すことは、時間も手間もかかってしまいます。子どもたちが掲示できる工夫をしましょう。

▶ 主な掲示場所と掲示物

■掲示場所

　① 黒板掲示

　② 教室前面（黒板横掲示）

　③ 教室側面・背面掲示

■掲示物

　ア．学校共通の掲示物

　　【避難経路、校時表、学校教育目標等】

　イ．学級運営に関わる掲示物

　　【学級目標、給食当番表、掃除当番表など】

　ウ．児童作品

　　【観察日記、新聞、視写など】

掲示のアイデア例

01 教室の前面は、あえてスペースを確保する

　黒板の左右のスペースには多くの学級で

> ア．学校共通の掲示物
> イ．学級運営に関わる掲示物

が掲示されていることが多いでしょう。学校としての決まりがあるときを除いて、教室の前面には掲示物を貼らないでおきましょう。給食当番表や掃除当番表については、教室の側面や背面を活用します。

　基本的に掲示するかどうかの判断は1年間毎日確認する必要があるかどうかです。見る必要がないものを貼っておいても意味はありません。必要なものを必要なときに貼り変えられるように、スペースを空けておきます。

　学習内容や行事などによっては時期的に掲示をしたいものが出てきます。そのような掲示物を教室の前面（黒板の左右のスペース）に掲示しましょう。そして、単元や行事が終われば、掲示物を外しましょう。期間限定の掲示をすることで、子どもの意識も高まります。

■黒板の掲示

　日時や曜日、その日の時間割を掲示します。1日の流れが黒板の端に書いてあると、子どもは見通しをもって学習に取り組めます。また、3年生から外国語活動が始まるため、イラストと英語を合わせたもので示します。普段から目にすることで、子どもたちはアルファベットに慣れ親しんでいきます。このことで、文字だけで理解できない場合に推測する力がついたり理解の定着が図りやすくなったりします。

時期的な掲示物の例	掲示期間
（国語の物語文の単元の流れが分かる模造紙）	単元の間
（夏休み明けの自由研究）	夏休み明け１週間
（参観日に向けた取組）	参観日前と当日、個人懇談期間
（運動会までの練習予定や、練習風景）	運動会当日までの３週間

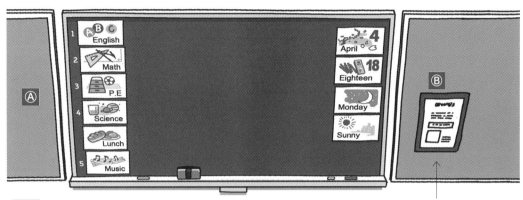

Ⓐ : 教室の黒板端のスペース
　↳普段は使用しない

必要なときに
期間限定で使用

02 紙ファイルを活用する

　子どもたちの作品を掲示するときには、クリアファイルやファイルボックス、台紙に貼るなど様々です。

　その中でも紙ファイルが特におすすめです、掲示物はＡ３またはＢ４の紙ファイルを活用しよう。

■紙ファイルを活用するよさ
　・安価で準備しやすい。
　・ズレない。
　・子どもが掲示できる。
　・過去の作品も簡単に見れる。
　・１年後には思い出ファイルに
　　変身。

　紙ファイルを活用することで、教室掲示はスッキリします。それは、大きさが揃うからです。また、ファイルの規格が同じであればズレもなく、バランスもよく見えます。さらに、子どもたち自身が掲示することができるようになり。一つひとつの作品への責任感も生まれます。

　３年生の終わりに、掲示物ファイルを外し、ファイルごと子どもにプレゼントしましょう。子どもたちの１年間の思い出作品ファイルに早変わりします。

学級目標

▶ ねらい

学級目標には子どもたちの意見を尊重しつつも、付けてほしい力を示すとともに、自然とその目標を達成しようとするような環境を設定する。

▶ 指導のポイント

学級目標をつくる際、子どもたちに任せると、ありきたりでどの学年でも当てはまりそうな目標になってしまいます。また、こちらから伝えたとしても、与えられた目標を大事にしようとする子は少ないものです。

そこで、子どもたちに決めさせつつも、こちら側の意図を踏まえさせましょう。そのためには、初日からの布石が大事です。

▶ 初日からどんな種を まいておくか

初めて子どもたちに出会う日は、子どもたちの中にも印象が強く残っていることでしょう。目標を設定するためのステップを踏めば、初日に伝えたことと学級目標がリンクしていきます。そのためにも、初日からどう種をまき、子どもたちの中に自然とつなげていくかを、学級開き前に考えておくことが大切です。

3年生になると、個から集団へと意識できるようになり、「みんなでイベントを成功させたい！」「クラスで困っている友達がいたら助けたい！」といった気持ちが芽生えてきます。始業式の日からまいてきた種を振り返らせ、1年間を通してどんな学級に成長していきたいかを考えさせましょう。

学級目標の言葉は、「友」などの1文字や、「協力・共力・強力」といった同音異義語、「助け合い／みんな大切／3年1組」とリズム拍子になるものなど、子どもたちが覚えやすく大切にしたいキーワードにしましょう。

活動の展開

01 これまでの布石を 思い出させる

始業式の日に伝えられた、校長先生の言葉や学年目標、学級開きとして語った教師の言葉は、子どもたちの中に残っていますが、点在しています。まずは思い出させましょう。また、道徳の内容項目と学級目標をリンクさせておくと、付けてほしい力をより意識できます。

02 進んで発表してくれて ありがとう

どんな言葉を入れたいかを聞くと、緊張しつつも口火を切ってくれる子どもがいます。そのとき、「自分たちで目標をもとうとする強い意志を感じたよ！」と、その姿をしっかり認めましょう。学級目標は、自分たちの目標。主体的に考えようとする雰囲気をつくりましょう。

Point 3年生では集団をもっと意識した学級目標を！

03 自然と向かうように

　子どもたちから出てきたキーワードは、全てつながりがあります。似た言葉を集約したり、言い換えたりして、学級目標をつくりましょう。「こんな感じでいいかな？」と確認しながら、合意形成をしていきます。

04 「つくって終わり」ではない

　せっかく話し合って決めた学級目標も、立派な掲示物をつくって教室に貼ったら終わり、という学級を多く見かけます。つくることが目標ではありません。1年間を通して意識し続け、授業の中で活用したり、学級内でトラブルが起きたときに振り返ったりして、常に子どもたちのそばにあるようにしておきたいものです。そのためにも、朝の会で音読をしたり、学級目標と関連した説話をしたりして、日頃から意識させることが大切です。

　また、まずは1か月お試しで進めてみたり、10月頃に振り返ってみて改善したりと、「学級目標は更新できるのだ」という意識をもたせましょう。

授業参観①・懇談会

▶ねらい

4月の授業参観では、しっかりと練った授業を展開することで、保護者に安心感とともに授業の内容が面白いことを伝える。また、懇談会では、普段の授業で大事にしていることや学級経営方針を伝える。

▶指導のポイント

安心感のある授業を見せるためには、当日までの指導が最も重要です。当日だけよい授業をしようとしても不可能です。

日頃から、簡潔で明瞭な指示・発問を行い、子どもの発言を大事に聞く姿勢を見せたり、友達との対話や全体への発表の仕方を事前に指導したりすることが大切です。

日頃から丁寧に指導していれば、懇談会では毎日の指導で大事にしていることを伝えるだけで説得力が増します。

▶保護者は何を見たいのか

相手の立場で考えてみましょう。平日に休みをとって参観しに来るのはなぜでしょうか。何を期待しているのでしょうか。

それは、「我が子の活躍」「友達関係」「先生の雰囲気」の3つです。保護者にとって、学級の様子を見る初めての日が、授業参観です。第一印象は、1年間の印象を大きく決めます。

できるだけ全ての子が授業の中で活躍し、友達と対話している様子を見てもらえるようにしましょう。

また、授業後の「帰りの会」も、しっかりと策を練ります。廊下はざわざわして、保護者同士で話したり、スマートフォンを見たりしていても、学級の様子を気にしています。そこで、「帰りの会」で班活動や会社活動が盛んな様子などを見てもらいましょう。学級文化を伝えるチャンスです。

当日の流れ

01 授業参観

子どもたち全員が活躍するためには、どうすればよいのでしょうか。ただ順番に1人ずつ発表させるのではなく、「ペアトーク」を複数回取り入れましょう。

国語なら、「登場人物は誰ですか」といった簡単な問いを与え、それを友達と確かめ合う。これだけで、「うちの子は楽しく学習に参加しているな」と感じてもらえます。基礎・基本を大切にすれば、問題ありません。

また、事前指導ができていれば、教室内を自由に歩き回って考えを聞きたい友達と意見交流をする活動を取り入れてもよいでしょう。新たに仲よくなった友達と交流する様子を見せることで、新しいクラスの中でも人間関係をうまく築けているのだなと、安心してもらえます。

■授業参観例
・国語（物語文）
物語文を読解していく普段通りの授業を見せます。この1時間だけでなく、子どもたちとつくった単元の学習計画や、前時までの授業での発言や分かっていることなどを掲示しておくと、日頃から授業を大切にしていると感じてもらえるでしょう。
・道徳
1時間扱いで授業を組み立てやすいですが、ここでも前時までのつながりを意識させましょう。4月のテーマ（「相手のことを知ろう」など）を設定しておき、5月以降の計画も立てておけば、懇談会で伝えることもできます。

Point 日頃の授業で大切にしていることを、保護者に見てもらう

02 学級懇談会

授業参観を終え、保護者は何を目的に懇談会に参加するのでしょうか。「担任の先生はどんな人だろう」「3年生ってどんなことするのかな」「○○ちゃんのお母さんがいたら、あいさつしておこう」など、いろいろな目的があるでしょう。

学級懇談会でするべきことは、大きく2つ。
・参加した皆さんの自己紹介
・学級経営や年間予定などを伝える

自己紹介ではひと工夫を。「○○の母です」だけでなく、「好きな晩御飯のメニュー」「最近、子どもがハマっているもの」など、家庭の様子をアイスブレイクも兼ねて少し話してもらうだけで、「私と同じだ」と感じて安心してもらえます。

〈懇談会の流れ〉
・自己紹介：まずは自分で発表の話型を示す
・学級経営方針や大切にしてほしい考え
・学年目標や学級目標
・3年生の学習内容
＊特に、3年生から始まったものを、実際にリコーダーや習字セットを使って説明する。
・今後の予定や主な行事
＊お弁当が必要な日は、先に伝えておくと◎。

これらを紙1枚にまとめて配付するといいでしょう。また、懇談会に参加できなかった保護者に向けて、同じ資料を子どもを通じて渡すことも忘れずに。

3年〇組宣言をつくって、本格スタートする5月

▶ 5月の目標

　5月は4月の出会いを経て、本格的に学級がスタートする時期であると捉えましょう。4月は、子どもたちも先生も、いろいろな行事などがあり、まだまだ「お試し期間」です。5月から本格的な日常が訪れ、毎日の小さな積み重ねが始まると認識しましょう。

5月の学級経営を充実させるために

　5月といえばGW。そして、

………………………………………………………………………………………………………

GWが明けると本格的な1年がスタートする。

………………………………………………………………………………………………………

　このように認識しておきましょう。
　4月は指導や注意をすることがなかったことも、5月になると、突然増えることもよくあります。廊下を走ってしまう、時間が守れない、忘れ物が多くなってくる、授業に集中していない…。5月に見られるこうした子どもたちの「気のゆるみ」はきちんと指導しなくてはいけません。

………………………………………………………………………………………………………

ならぬことはならぬものです。

………………………………………………………………………………………………………

　この言葉は、会津藩（現在の福島県）で大変有名な言葉ですが、5月の教室でしっかりと意識をしたいことです。
　「まぁいいか…」「これくらい…」としてしまうと、先生にとっても子どもたちにとっても幸せは待っていません。学校生活が乱れ始めると、子どもたちはもちろん、保護者の方も大きな不安や心配をもつようになり、学校にもその思いを寄せ始めます。
　5月の「ならぬものはならぬものです」をしっかりと押さえ、安定した1年間を送りましょう。

注意事項

　何を「ならぬはならぬもの」とするかは、とても大切なことです。大雑把に分類すると「行動」「言葉」「考え」です。これらでよくないと思うこと（例えば「汚い言葉」を使うなど）があれば、しっかりと正していくようにしましょう。

3年○組宣言をつくろう

▶ねらい

「ならぬものはならぬのです」を通じて、学級で何を大切にしたいかを考え直し、1年間安全で安心した学級づくりにつながるようにする。

活動例

1. 福島県に「あいづっこ宣言」というものがあることを知らせる。そして、「宣言にはどんなことが書かれていると思いますか?」と発問する。
   子どもたちの意見を受けてから、次に進む。
2. 下の「あいづっこ宣言」を提示する。そして、「いいなぁ、真似してみたいなぁと思うものはありますか?」と発問する。
   これも、子どもたちの意見を交流させる。そして、次を考える。

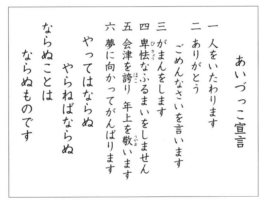

あいづっこ宣言

一　人をいたわります
二　ありがとう ごめんなさいを言います
三　がまんをします
四　卑怯なふるまいをしません
五　会津を誇り 年上を敬います
六　夢に向かってがんばります
やってはならぬ
やらねばならぬ
ならぬことは
ならぬものです

会津若松市ホームページより

3. 5月になりました。いよいよ本格的に3年○組もスタートしていきます。「あいづっこ宣言」のように「3年○組宣言」を決めてみましょう。みんななら、どんなことを宣言に入れてみたいですか?
   子どもたちに意見を書かせる。理由もあわせて書かせるようにする。
4. 書けた子どもから、自分の意見を提出する。黒板に直接、縦書きで書いていく、紙やデジタルで提出するなどの方法を取る。

活動後のポイント

提出された子どもの意見を整理して「3年○組宣言」を完成させる。整理するのは教師主導で行うが、学級代表や希望者を募って子どもたち数人と考えてもよい。もちろん、教師の願いも入れて考えるようにする。完成後、子どもたちに発表し、分かるように掲示しておく。

席替え

▶ ねらい

　子どもたちにとってビックイベントである「席替え」も、席替えの目的を考えてから行うことで、より仲よくなるきっかけにする。

▶ 指導のポイント

　5月の段階で席替えをする場合、子どもたちに「やったほうがいい理由」を考えさせます。その理由が、学級・学年目標につながり、席替えを通して目標を確かめるきっかけになります。また、席替えのパターンもたくさんあります。目的に合わせて変更しましょう。

　当然、教師が意図的に決める場合もあります。学級の責任者は、学級担任です。状況に応じて、決め方も変えましょう。

▶ 何のために席替えするのか考えよう

　大型連休明けに、「席替え」をするかもと伝えます。すると、「したいしたい！」となるでしょう。しかし、席替えの目的を踏まえ、担任裁量で決めることが大切です。次のように指導します。

〈指導例〉

発問：「出席番号順が一番便利だけど、どうして席替えをするのかな」

・新しい友達を増やすため

・学級目標（友情・互いに等）につながるから

切り返し：「でも、席替えしたときに『えー』『最悪だ』と言う人がいるみたいだけど…」

・大丈夫、絶対言わない！

・いろいろな人と仲よくなれないとダメ

指示：「では、席替えをする目的を、隣の人と話し合いましょう」

・新しい友達を増やして、クラスのみんながもっと仲よくなれるために、席替えをする

・助け合うためには、お互いのことをもっと知ったほうがいいから、席替えをする

席替えの方法

01 男女交互で決める

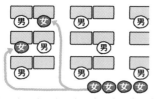

　より多様な交流を図るため、男女が交互になるようにします。この場合、初めに、男子の席と女子の席を決めておきます。そして、男子を廊下に出し、女子だけで先に決めます（逆も可）。このときに、視力などの関係で前方がいい人は前にしてあげましょう。それぞれ決まったら、最後に結果発表です。

02 生活班で決める

僕は1班に行くよ

　生活班ごとに、次の座席の班を決める方法です。確実にばらけることができます。前の方がいい人は、前方の班を選ばせます。しかし、前の方がいい人が同じ班に集まっているとできません。実態に応じて、ルールに幅をもたせるとよいでしょう。

03 席替え会社で決める

会社活動で、席替えを決めてもよいでしょう。しかし、理不尽な決め方だとトラブルの原因になるため、注意が必要です。休み時間のうちに後ろの黒板などを使って次の席を決めさせておくと、移動時間だけで済みます。

04 自由に決める

自分の行きたいところに行きます。しかし、5月の初めからはやりません。仲よし同士が固まるのが目に見えているからです。全員のことを理解し、「自分はどこに行ったらよいか」を考えられるようになったら行います。3学期頃に取り入れてみましょう。

自己評価を取り入れる

▶ねらい

　自分のことを理解し、自分のことを認め前向きになれるよう、また子ども自身の成長を促進する観点から、自己評価を取り入れる。

▶指導のポイント

　自己評価はとても難しいです。自分のことを理解していなければできません。しかし、意図的、継続的に行うことで、慣れから自分のことを深く見つめることができます。

　自己評価は目的をもって行うことができれば、とても価値があります。授業の振り返りも自己評価です。週の終わり、月の終わり、学級の終わりはもちろん、何かやり終えたときに俯瞰して見つめる時間を取り入れると学びの連続性に自然と気付くようになります。

> 連絡帳
> 5／12
> （金）
> 今週は、宿題を見直してから提出することをがんばりました。

自己評価の取り入れ方

01 毎時間の学習を振り返る

　授業の中で行う振り返りも自己評価です。自分がどのぐらい理解していて、どのくらいできているのか、どうしてできるようになったのか、分かったことを使ってどんなことをしてみたいかなど、振り返りには学習に対して真剣に向き合った姿が表れます。

　時々、それを比べて読む時間を取り、単元ごとに自分の評価を取り入れていくことができます。

　また、仲間の意見について、自分の意見を書くことで、聴く力も育ちます。

02 1週間を振り返る

　週によって行事が入ったり、自分の気持ちが落ち込んだり、過ごし方が違います。同じように過ごしていても感じ方が違うことを実感することで自己の気持ちのコントロールにつながります。1週間ごとに頑張ったことを連絡帳やICT端末を使って残しておくと、頑張ったことの事実がたまっていきます。1週間で意識的に使う言葉を決め、それを使えていたかなど、はじめは焦点化して取り組むとよいでしょう。

| 5／12（金）授業でたくさん手を挙げて発表した。 | → | 5／19（金）発表回数は減ったけど友達の話を聞いた。 |

■子ども自身の成長を保進するために

この1週間で…

友達に親切にできたかな…

1週間を振り返る

月ごとに自分をほめる

今月は漢字をたくさん覚えたよ！

がんばったねー

今月は理科の観察をがんばったよ

すごい！

03 月ごとに自分を褒める

　自分のことを好きと言えると、他者と比べることなく、自分らしく過ごすことができます。集団の中で生活すると知らず知らずのうちに自分と他者を比べすぎてしまうことがあるのも事実です。

　だからこそ、自分の頑張りを自分で褒めて自分のことを認める時間も大切です。この活動を通して、自分では気付かなかったことを仲間同士で伝え合う姿も見られて、クラスの雰囲気がよくなります。自分が褒められることで、仲間の頑張りも認められます。また、ミニカードに書いて掲示することもおすすめです。仲間との会話につながります。プラスの言葉が目に見える形になるので、クラスの雰囲気づくりにも一役買います。

04 学期ごとに成長を感じさせる

　自己評価では、学習面・生活面どちらも具体的に行うことが大切です。

　今までやってきたこと、これからやること、キャリア・パスポートの「なりたい自分」に照らし合わせてやっていくと、さらに学びが広がります。

　自己評価は様々なタイミングで行うことができます。自分自身を見つめる時間として、とても貴重な時間です。

　総合的な学習の時間の探究的な学びと自己評価を組み合わせることで、学びの連続性に気付き、次の学期の学習につながります。

社会見学

▶ねらい

地域社会との関わりの中で、社会の一員であるという自覚をもつ。

▶指導のポイント

3年生から本格的に社会見学が始まります。これまでの校外学習とは違い、地域や人々が働く場所に出向き、見学させてもらうという自覚がより一層必要になります。

また、学校の名前を出して見学に行くからには、態度が悪くては次の学年が同じ場所で見学できないかもしれません。

そのため、何のために見学へ行くのか、明確な目的をもてるようにすることが大切です。

▶子どもたちに選択する権利を

3年生で最初に社会見学へ出かけるのは、社会科の授業でのまち探検でしょう。実際に、校区に何があるのか、地図にまとめていく活動をしていくと思います。

遠足だと、教師が決めた場所を訪れ、そこにある自然にふれることが多いでしょう。しかし、社会見学は学習の中で、生まれた問いをもとに何を学びたいのかを子どもたちに選択する権利があります。

もちろん工場や公共施設の見学は、教師が決めた場所かもしれません。ただ、見学に行くまでに子どもたちは学習の流れで目的意識をもつことでしょう。

その気持ちを生かして、子どもたち自身にどこでどんなことを見学したいのか、計画させるとよいでしょう。それでは、その流れ・指導の留意点を下に紹介していきます。

指導の留意点

01 目的をもとに計画を立てる

見学の計画を立てる前に「案内図で○○学校の周りのよさを伝えよう」というテーマを与えます。誰に伝えたいのかは、学級で話し合うとよいでしょう。伝える対象が他学年であれば、案内図を校内に掲示をする。地域の人であれば学校の前に掲示する。駅が近くにあれば、駅に掲示できるかお願いする、などゴールを話し合うことで、子どもたちも自ら活動していこうという思いが生まれます。

そして、案内図をつくるためには、どこに何があるのかを正確に知る必要があります。それが目的となり、目的を達成するための活動（計画を立てる）につながるのです。

目的ができれば、次のような計画を立てていきます。

> ①どこをまわるのか。そこで何を見るのか。
> ②持ち物は何が必要か。
> ③インタビューしたいことはあるか。
> ④見学で気を付けることは何か。

班で話し合っても、学級全体で話し合って決めてもいいでしょう。

もちろん社会科の枠を超えた学習になるので、他教科や総合的な学習の時間と組み合わせながら取り組んでいきましょう。

活動 校区に何があるのか、地図にまとめていく

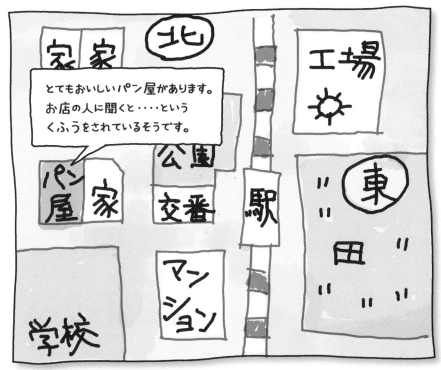

Point 完成した案内図を発信することで、地域の一員だという自覚をもたせる

02 自分たちで見学する

　計画ができれば、実際に見学です。見学の仕方にもポイントがあります。学級で列になって見学するのもいいですが、班で自由に見学すると本当に調べたいことをじっくり見ることができます。

　教師は、各ポイントに立って見守るといいでしょう。校区が広い場合は、コースを決めて「今日は北側コースを見学する」など、子どもたちの安全を確保できるようにします。

　そうすることで、事前に子どもたちで交通安全についてやインタビューをするときの礼儀などについて話し合うことができ、見学するに当たっての自覚と責任が生まれます。

　このような活動を通して社会見学を行うことで、子どもたちは「自分たちで調べた」という達成感を味わうことができます。

　その過程で、地域のよさ知り、関わってくださった人への感謝もつことで、2学期以降の社会見学へとつなげていきます。

　また、完成した案内図を発信することで、自分たちも地域の一員だという自覚をもたせることができるはずです。

リレー習字

▶ねらい

友達と１つの字を一緒に書くことで、共にアドバイスしながら、書く力を高め合える関係を築く。

▶指導のポイント

習字の学習と言えば、静かに自分と向き合うことが大切です。ただ、それだけだと学校で友達と学び合うことはできません。

では、どのようにすればお互いに字の綺麗さや字のバランスなどを、認め合い・高め合うことができるのでしょうか。

ここでは、自然と話し合いながら、楽しく習字を進められる活動を紹介します。

楽しく学べる雰囲気づくりを

活動の展開

01 習字の学習は２時間続きで

毛筆は、３年生から始まる新しい学習の１つです。これまで、１・２年生で学んできた硬筆の学習や３年生で学ぶ硬筆の学習を生かしながら進めていきましょう。

学習指導要領でも、硬筆で学んだ「点画の種類や書き方」を生かして、毛筆ならではの書き方やよさを味わいながら理解を深めていくことが大切とされています。

つまり、習字の時間が「急いで書く時間」になってはいけません。ただでさえ、３年生の始めは、準備や片付けに時間がかかってしまいます。まずは、２時間続きで学習を進めるなど、時間を含めた環境を整えることから考えてみましょう。

02 教科書を使って自分なりに

用具の準備ができたら、教科書を活用してみましょう。教科書には、学ぶ漢字の点画の書き方や注意するところが示されています。そのポイントをよく見て、鉛筆で書いてみたり、実際に筆で書いてみたりするなど、子どもが自分なりに研究できる時間を確保しましょう。

そうすることで、教師に教わるのではなく、自分から学ぶ姿勢が身に付きます。

ここで、学んだポイントを友達と話し合う材料としていくのです。

Point 子どもたちがアドバイスをし合うことで学びが深まる！

ここから**書き始めたら**いいよ

そうそういい感じ

〜字の綺麗さ・バランスを認め合い、書く力を高め合う〜

03 リレー習字にチャレンジ

　いよいよ、リレー習字にチャレンジです。

　リレー習字とは、友達と一画ずつ交代し、1つの漢字を完成させる活動です。

　例えば、「二」や「土」などの漢字をペアやトリオで書いていきます。

　人と一緒に書くので、なかなか上手くいきませんが、2枚、3枚と書いていくと自然に

「ここから書き始めたらいいよ」
「そこもう少しゆっくり」
「そうそう。いい感じ」
「上手にできた！」

　という声が聞こえてきます。

04 リレー習字のよさ

　リレー習字をしていると自然とアドバイスし合い、認め合い・高め合う姿が見られます。それは、1人で研究して学んだことを生かしたり、友達のよさに気付いたりしながら、学びを深めることができているからです。

　上手くいかなくて苛立つ子や適当に書いてしまう子がいるかもしれません。そこは、教師の支援の見せどころです。ペアを事前に考えたり、頑張りを認める言葉をかけたりし、楽しく学べる雰囲気づくりをしてあげます。

　最後に、1人で自分の作品を書く時間を与えます。これまでの学びを生かして、一生懸命取り組む姿を見ることができるはずです。

4月　**5月**　6月　7月　8月　9月　10月　11月　12月　1月　2月　3月

会社活動①

▷ねらい

友達や学級全体を意識できる発達の段階になった3年生だからこそ、会社活動（係活動）を行うことで自主的に学級文化を育んでいく。

▷指導のポイント

会社活動（係活動）は、自主的・主体的に活動するものですが、事前指導がなければ、何をしたらいいのか分からず、全く機能しません。

会社活動における教師の仕事は、社長たちにアドバイスをする「コンサルタント」です。

会社活動の目的を示し、その上でモデルを示すことで、「こんな係をやってみたい」「こういう係があったらみんなの役に立ちそう」と想像が膨らみ、意欲的な活動につながります。

▷会社活動と当番活動の違いは？

『小学校学習指導要領（平成29年告示）解説　特別活動編』において、当番活動とは、「学級全員で分担する清掃や給食、交替しながら行う日直、飼育、栽培等」（p.61）であり、係活動（会社活動）は「学級の児童が学級内の仕事を分担処理し、児童の力で学級生活を楽しく豊かにすることをねらいとしている。」（p.70）と示されています。

子どもの言葉で言い換えるなら、会社活動とは「自分たちの学級を、自分たちの手で、ワクワクするものに変える活動」だと言えます。

活動の展開

01 会社活動のルール

活動内容について右のようなルールを示しておくと、より活発に活動します。

画用紙やテープ類をはじめとした必要なものは、事前に準備をしておきます。みんなにアンケート用紙を配りたいなら印刷をしたり、イベントで特別教室を使いたかったら、予定を調整して確保したりすることも必要です。活動しやすい環境を整えるのも、教師の役割です。

しかし、家から高価なものは持ってこないなどの学校のルールを、事前に確かめておきましょう。熱が入りすぎてお小遣いでみんなのプレゼントを買ってきた、なんてことも起こります。

〈会社活動のルール〉
①みんなが「ワクワクする」会社であるか。
②必ず1つには入る。
③2つ以上入ってもいいが無責任はなし。
④会社の移動は、朝か帰りの会でみんなに報告する。
⑤月1回は、目に見える活動をする。
（「活動報告会」で報告する、など）

後ろの黒板も、会社活動のために開放してもよいでしょう。ミニホワイトボードを使って次のイベントの宣伝をしたり、黒板の前にアンケートBOXを置いたりと、子どもたちはいろいろな工夫をします。

活動が進めば、「後ろ黒板は、ホワイトボード2枚まで」など、譲り合うルールが加わってきます。

▶ どんな会社がある？

基本的に、「みんながワクワクする会社」「あったら便利な会社」であれば、何でもOKです。一例を紹介します。

〈発表系〉

・お笑い…お笑いライブをする。
・クイズ…クイズ大会をする。
・マジック…マジックショーをする。
・ダンス…ダンスショーをする。
・ピアノ…ピアノ発表をする。
・読み聞かせ…読み聞かせを行う。
・研究…実験をして、クイズを出す。
・新聞…新聞を書いて発行する。

〈イベント系〉

・みんな遊び…昼休みにみんなで行う遊びやルールを決めたり、審判をしたりする。
・イベント…みんな遊びをする。
・席替え…次の席替えを考える。
・お誕生日…みんなの誕生日に歌を歌ったり、月1回のお誕生日会をしたりする。

〈サポート系〉

・教える…学習したことを分かりやすくポスターで解説する。問題集のヒントをあげる。等
・サポート…当番の手助けや、勉強で困った人がいたら助ける。
・後ろ黒板…教室の後ろの黒板を、会社のみんなが使いやすいようにする。
・生き物…教室で飼っている生き物の世話をしたり、餌やり体験会などをしたりする。
・ほめほめ…素敵なことをした人を表彰する。
・掲示…季節感のある掲示物を作成して貼る。

他にも面白い会社がありましたが、目的をはっきり＆ルールを守れればOKです。

また、昼休みにイベントをする会社がたくさんある場合は、曜日を固定して活動すると、より計画的・定期的に活動することができます。

月	火	水	木	金
お笑い	マジック	ダンス	ピアノ	みんな遊び

02 活動報告会をする

毎週の学級活動の時間のうち、月1回を会社活動の準備の時間として確保すると、さらに活発になります。

時間だけ設けても、会社によって活動に差が生まれます。そこで、授業時間のはじめに、活動予定を黒板に書かせます。この時間に何をするのか宣言させることで、目的をもってテキパキと動けるようになります。また同時に、他の会社がどんな活動をしているのかが分かるため、よい行動を真似します。

最後には、1か月間の活動や、今日準備したことを報告します。お互いによいところを真似し合い、高め合うことができます。

学級会①

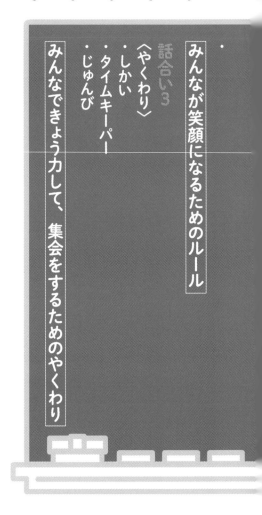

みんなが笑顔になるためのルール

話合い3
〈やくわり〉
・しかい
・タイムキーパー
・じゅんび

みんなできょう力して、集会をするためのやくわり

▶ねらい

自分たちの学級の課題に目を向け、よりよくしていこうという気持ちを育む。

▶指導のポイント

学級とは、本来誰のためにあるのでしょうか。もちろん子どもたちのためにあります。

自分たちの学級をよくするためには、何をしたらよいのか。子どもたちに考えさせながら学級をつくっていきましょう。

すると、自然と学級の様子や友達のことに目を向け物事を考えるようになっていきます。まず、教師がリードし、学級会の流れやよさを子どもたちに知ってもらいましょう。

学級会の展開

01 学級会で行う主な3つの活動

学級会は、主に3つの活動があります。

①話合い活動
みんなの問題をみんなで考え、解決できるように話し合う活動。

②集会活動
目標を達成するために、みんなで企画し、協力しながら1つのことをやりとげる活動

③係活動
一人ひとりが自分の得意なこと・好きなことを生かしながら、学級のために行う活動。

02 議題に沿った活動を

どのような活動をするかは、議題によって変わります。学級会の議題は、子どもたちから引き出すことができればベストですが、学級会がどんなものか知らなくては議題を提案することができません。

はじめは、「学級目標を達成するためにどんな集会活動ができるのか」を議題に進めてみましょう。

〈主なテーマ〉
・雨の日の遊びを考えよう。
・掃除の仕方を考えよう。
・係活動を見直そう。
・○年○組オリンピックをしよう。
・ミニ発表会をしよう。

学級目標

みんな仲よく助け合えるクラス

議題

みんなが仲よくなるための集会をしよう。

提案理由

新しいクラスになり、いっしょに遊んだことがない人もいるので、みんなで遊ぶ時間をつくろうと思った。

めあて

・みんなが笑顔になる集会にする。
・いろんな人とかかわれる集会にする。

みんな笑顔で、たくさん声をかけあえる集会にしよう。

話合い1

〈活動〉
・おにごっこ
・サッカー
・ドッジボール ──→ けってい

話合い2

・リーダーをさがせ
・フルーツバスケット ──→ 次回の活動でする！

〈ルール（心がけておくこと）〉
・みんながボールをさわれるように、ゆずり合い。

03　学級会の流れ

　議題と活動が決まれば、下のように話合いを進めていきます。

①議題とその提案理由を発表する。
②議題に沿っためあてを考える。
③話合いの内容・活動を考える。
④役割分担を考える。
※はじめての学級会なので、①は教師が提案します。

　どの場面の話合いでも大切にしたいことは、学級目標です。子どもたちの話合いの中心が、学級目標とつながるようにしてあげましょう。

04　意見がうまくまとまらないとき

　話合いをしていると、1つの意見にまとまらないときがあります。そのときは、すぐ多数決にするのではなく、他者の意見を尊重できる方法を提示してあげましょう。

〇意見を組み合わせる方法
　それぞれの意見を合体させたり、よさを取り入れ新しいものを考えたりする方法。

〇優先順位を決める方法
　意見の多いものを優先するが、他の活動も別の時間に行う方法。

協働学習を
取り入れる①

▶ねらい

　教え合い・学び合いを通して、協働的な学びのよさを味わう。

▶指導のポイント

　協働学習は、これから多様な社会を生きる子どもたちに必要な力とされています。「他者を受け入れ、自分を表現し、学びを深める」ことは、1人では解決できない問題にも立ち向かっていく力の源となります。他者を意識し始める3年生だからこそ、協働学習を取り入れていきましょう。

▶協働的な学びのよさを味わわせる

　協働学習には、問題解決のための教え合い・学び合いもあれば、役割を決めて調べたことをまとめる学習や、それぞれ得意なことを生かして行う係活動なども考えられます。

　どの学習においても他者との対話を通して、自然にインプットとアウトプットを繰り返しています。さらに、この繰り返しの中で、考えを改めたり、考えを統合したり、新しい考えを生み出したりしているのです。

　子どもたちには、日々の学習の中でこの他者と協働的に学ぶよさを味わってほしいものです。そこで、ここでは、学年のはじめに協働的に学ぶことのよさを味わうことができる授業展開を紹介します。

協働学習の展開

01 1人で考える

　まずは、1人で言葉を考えさせます。
【発問】
「は」のから始まる言葉をノートに書き出しましょう。「ぱ」でも「ば」でもかまいません。いくつ考えることができるでしょう？

02 ペアで考える

　次に、ペアでお互いが書き出した言葉をもとに、さらに考えます。そして、違いを尋ねてみましょう。
【発問】
2人で考えてみてどうでしたか？

■協働学習のよさを実感させる

Point ３年生だからこそ、協働学習を取り入れる

03 協働的に取り組む

　そして、２人で書き出した言葉を国語辞典に書かれている順番に並び変えます。
【発問】
書き出した言葉は、国語辞典ではどのような順で書かれていますか？※教科書や辞典をヒントに考えさせます。

04 タブレット端末の活用も

　このように、友達と考えると学びが深まることを実感できるようにしましょう。また、ノートではなく、アナログの付箋やICT端末、例えばGoogle Jamboardの付箋を使ってみると、お互いに試行錯誤しながら取り組むことができます。

宿題②

▶ねらい

毎日の宿題に、自主学習を取り入れ、より自主的・探究的に宿題に取り組めるようにする。

▶指導のポイント

4月からの宿題で、ほぼ全員が継続して提出できるようになってきたら、週1回ペースで「自主学習」を取り入れてみましょう。

1人1冊ノート（5mm方眼）を用意して、1回の分量や内容を伝えれば、すぐに始めることができます。しかし、何を書けばいいか分からず、いきなり個人差が生まれます。そのため、まずは、完成したノートをいくつか紹介しましょう。

1つ目の壁は、「何をしたらよいのか分からない」ということです。

まず、「自主学習ノートのつくり方」（右図）の指導後、段階別でいくつかの例を紹介します。子どものノートや関連書籍がなくとも、インターネットで検索すれば容易に見付けることができます。「こんな感じでいいんだ」「こういうこともしていいんだ」と見通しをもたせましょう。紹介するノートは、「計算・漢字練習」や「調べ学習」「イラスト」など、難易度や選択肢の幅が広がるようなものを紹介します。

2つ目の壁は、「継続が難しい」ということです。そこで、週1回の提出なら「毎週○曜日（月〜金から自分で決める）に提出する」と決めておきます。たくさんやりたい子も、付いていくのがやっとの子も、週に1回の提出だけ確認が取れればOKとなります。その日のうちに確認し、返却します。

自主学習の流れ

01 まずは見開き1ページ

まずは「出せる」ようにすることが大事です。そこで、「自主学習ノートのつくり方」に加えて「アイデアシート」を一緒にノートに貼らせます。

学習内容は、どの教科の学習でもよいです。また、インターネットで調べたことや、新聞記事を印刷してノートに貼ってもよいです。

しかし、どれだけ説明しても「何を書けばいいか分からない子」はいます。その場合は、「計算ドリルを解いて、ここに答えを書こう。丸付けまでしたら振り返りを書いて完成！」と、一緒に取り組みましょう。計算練習ができれば、右にある【復習・予習】は全てできます。まずは「出せる」状態にしてあげましょう。

「アイデアシート」の例
【復習・予習】
○計算練習　○漢字練習　○ローマ字練習
○計算の仕方を解説　○言葉の意味調べ
○リコーダー練習　○なわとび練習
【日記・作文】
○絵日記　○読書感想文
○教科書の読書記録＆感想
【調べ学習】
○生き物や植物の観察記録
○人物紹介　○お店調べ
○気になったニュース紹介
○調べたこと紹介（ペットの餌について、お店にある売り物調べ、動物の育て方、タブレット端末の使い方など、テーマを決めて自由に調べてOK）

ノートの1例をのせて、必要事項を説明する欄にします。

① タイトル

② 取り組んだ日付・取り組んだ時間

③ めあて：「～について調べよう」「～を復習しよう」など

④ 勉強した（調べた）内容

⑤ ふりかえり：この学習で分かったこと、できるようになったこと、次にやってみたいこと、などを書く。

02 自分のノートをアーカイブに残す

パシャ！

週に1回、その週の1番の自信作を撮影してタブレット端末に保存しておきます。タブレット端末の共有フォルダに保存させれば、いつでも個別指導ができます。また、ノートを見返せば、1週間ごとの成長を実感することができます。

03 アドバイスし合う

撮影したノートの写真を「Google Jamboard」などで共有すれば、お互いの自信作を見せ合うことができます。また、「真似したいところ」や「アドバイス」などを付箋で書かせれば、さらにレベルアップします。

4月　**5月**　6月　7月　8月　9月　10月　11月　12月　1月　2月　3月

保護者への発信（学級通信）

▶ねらい

学級での子どもの様子を保護者に発信し、頑張りを保護者に知ってもらうことで、子どもたちの意欲を向上させる。

▶指導のポイント

学級通信は、何のため、誰のために出すものかを理解しておきましょう。

何のため？：一言で言えば、子どもたちの頑張りやよさを知ってもらうためです。

誰のため？：①保護者、②子どもたち、③教員自身、④学校の職員などその範囲は広い。

教師の思いを綴る日記ではなく、日々の学級の様子や子どもたちの姿が現れるようにしましょう。

トピック数や画像の枚数は自由！！　長く続けていくことを考えるとトピック数は2、画像は2枚くらいが続けやすい。

学級通信の工夫

01 子どもの様子を伝える

学級通信で大切なことは、子どもの姿を伝えることです。どんな些細なことでも構いません。当たり前の学校の様子でいいのです。子どもたちが勉強している姿、遊んでいる姿など、子どもが主体となる内容にしましょう。日記やノートなどの学習成果や、様子が分かる写真をうまく活用しましょう。

どうしても、学級通信を出している教師側の思いが強く出てしまう文章になりがちなので、上記のような内容でちょうどいいのです。

■ちょっとした一工夫
→文章の主語を（子ども）児童名にしてみましょう。

02 前の週にレイアウトをつくる

学級通信を出す頻度は、毎日、週1、月1、学期に1回など人によって様々です。ここでは、毎週1回金曜日に出すと考えてみましょう。木曜日に必死になって書いていませんか。

■ちょっとした一工夫
→前週の金曜日に何を載せるのかのレイアウトだけ書きましょう。翌週の時間割や行事を考えて、子どもたちの伝えたい姿が現れそうな場面に目星を付けておきます。すると、次の週の子どもたちの様子を逃すことなくキャッチすることができます。キャッチした情報（文字や写真）を上の例レイアウトを参考に当てはめていきます。

学級通信の例

Journey!!

○○市立○○小学校
○年○組　学級通信
令和○年○月○日（金）No○

思い出に残る作品をめざして

　図工の学習では、卒業記念品にするオルゴールづくりをしています。自分が掘りたいイラストを下書きし、それをもとに木枠を彫刻刀で掘っていきます。慎重に丁寧に掘っていかないと一気に掘れてしまったり、けがをしたりしてしまいます。ゆっくり丁寧に集中して取り組んで、満足のいく記念品にできるといいですね。「○組さんはとても丁寧に集中して授業を受けられています。とってもいい作品ができそうですよ。」と図工専科の○○先生からもお墨付きをいただいています。みなさんの頑張りを他の先生から聞くことができ、とても嬉しい気持ちになりました。

One team を合言葉に

　体育の学習では、タグラグビーをしています。昨年もやっていた単元なので、子どもたちの動きもかなりスムーズになってきています。時々、グランド状況により、タグラグビーから沼ラグビーになっていることもありますが、楽しんでいます。試合前には自然と円陣を組み、多くのチームが円陣で（One team）と叫んでいますね。チームプレーを大切にして最後まで楽しみながら学習を進めましょう。

Journey!!

○○小学校○年○組　1週間の予定
○月○日～○月○日

日づけ	○日（月）	○日（火）	○日（水）	○日（木）	○日（金）
よてい	芸術鑑賞会 漢字小テスト7	その日にある予定を記入する			給食後 13：15頃下校
朝学習	漢字	朝学習の内容を記入する			計算
1	国語 サーカスのライオン	←教科名 ←内容			国語 サーカスのライオン
2	算数 大きな数				体育 タグラグビー
3	社会 店ではたらく人	1時間目～6時間目の 教科名と内容を記入する			道徳 水やり係
4	理科 かげと太陽				算数 大きな数
5	特活 ペア学年 交流の計画を 立てよう				
6	芸術鑑賞会 落語を聞こう				
宿題	音読 「サーカスのライオン」 算プ1枚 漢プ1枚	その日の宿題を記入する			音読（水やり係） 道徳日記
持ち物	ざぶとん	その日の持ち物を記入する			体操服

☆★お知らせとお願い★　その週のお知らせ、少し先のお知らせを記入する。事前に知らせておくと保護者も準備物などを用意しやすくなる

・月曜日に芸術鑑賞会があります。
・金曜日は校内研究授業（○年○組）があるため、給食後13：15頃下校になります。
・算数ノートが無くなってきている子がいます。週末に新しいノートを用意していただきますようお願いします。
・週末の宿題に、道徳日記を出しています。いつもと同じように今日学んだことを家で原稿に話しながら日記を完成させます。ご協力よろしくお願いします。

03 継続して出すための工夫

　学級通信は「出さねばならない」ものではありません。出そうと決めたけれど、出せないこともあると思います。無理なく続けられるペースで出しましょう。おすすめは毎週1回程度です。

■ちょっとした一工夫

→毎週出すための工夫として、学級通信と週予定をセットで出しましょう。週予定というのは1週間先の予定（時間割）です。週予定があれば、教師はもちろん、保護者や子どもたちも見通しがもてます。今、どんな勉強をしているのかを知ってもらうことも立派な発信になります。写真やエピソードがなかった週も、週予定が学級通信として機能します。

04 毎週金曜日は褒め電話day

　学校からの電話に対して、保護者はネガティブな感情を抱きがちです。それは、そういったときにしか電話がかかってこないと思っているからです。そんな考えを変えることができるのが**褒め電話day**です。毎週金曜日に学級通信を出した後、放課後に学級通信に載せた子どものお家へ電話しましょう。

■ちょっとした一工夫

→無理に内容を考える必要はありません。伝えることは本日の学級通信に頑張りを載せています。頑張っていますよ。お家で褒めてあげてください。この一言で、子どもも保護者も教師もハッピーな週末を送ることができます。

学級文化を高める6月

▶6月の目標

　6月は、学級がうまくいっているかどうかの1つ目の大きな分岐点です。学級がうまく回っていれば、子どもたちの成長の姿が目に見え始めます。6月にしっかりと子どもたちの成長が見られるような仕掛けをつくっていきましょう。

6月の学級経営を充実させるために

　6月は、ここまでの子どもたちの成長が見られる第1回目の月です。子どもたちの積み上げてきたものが発揮されるような場を、しっかりとつくってあげましょう。

　子どもたちの成長を見るためのおすすめの実践が、次の活動です。

▶会議を実施する

　学級では、班活動や会社（係）活動を実施していることでしょう（会社活動についてはP.80、P.148で詳しく説明）。それらの小集団をベースに「会議」を実施するのです。

　会議の際は、ぜひ、ICTを活用してみましょう。

　班での会議、会社活動での会議の内容や進行は、子どもたちに託すことができるので、子どもたちはICT端末に慣れるチャンスにもなります。

　また、協働的な学習を進めていく上で、ICT端末を子どもたちが操作できることは、強くアクセルを踏むことにもつながります。もちろん、子どもたち自身が学びのハンドルをもつことにもつながっていきます。ぜひ、班会議や会社会議を通じて、子どもたちの協働的な活動を進めていきましょう。

注意事項

　授業でいきなりICT端末に慣れさせようとすると、学習内容とICT端末の操作の同時をこなさなくてはなってしまいます。学級活動でICTを活用することで、教科の中でもスムーズに使うことができるようになります。ぜひ、授業外でも積極的に活用してみてください。

班（会社）会議

▶ねらい：班（会社）会議で自分たちのレベルをアップさせよう！

　班（会社）会議を通じて、自分たちの活動を自分たちで進めようとする態度を養うとともに、話合い活動でICT端末を積極的に活用し、ICT操作に慣れ親しむことができるようにする。

▶活動例

1. 会議前に下のようなスライドを用意しておく。これを班の数だけコピーしておく（実際の子どもたちの前で大型スクリーンなどに移しながら操作することで、PCの操作説明にもなる）。※ここでは、Teamsのパワーポイントを活用し、共同編集機能を用いていることを想定しています。

2. 「これから班（会社）会議を行います」と言い、上のスライドの記し方を説明する（まずは下段の2つを書き、それらを書いてから上段の2つを書く）。
3. 子どもたちに実際に書かせる（教師は机間指導をしながら操作面を中心にサポートする）。

　まだまだタイピングに慣れない子どもばかりであれば、手書き入力を指導し、手書きで入力させるようにする。もちろん、タイピングできる子どもには、どんどんとさせていく。

▶活動後のポイント

　実際に会議を実施した後には、印刷して掲示をしたり、振り返りの機会を設けて、どれくらい自分たちが実施できているかを確かめたりする機会をもちましょう。自分たちの決めたことだからこそ、「守らないと！」という責任が生まれます。

避難訓練

▶ねらい

避難訓練を実施する意義や自身の役割を理解し、不測の事態に対応できる力を身に付けるとともに、訓練内容によって異なる動きがある場合は、それぞれの動きも理解する。

▶指導のポイント

避難訓練では、誰のために実施しているものなのかを正しく理解しておく必要があります。当事者意識がないままの実施は、ただの訓練にしかなりません。子ども、教職員、学校組織全体で取り組んでいるということを教師自身が自覚するだけでなく、子どもにも理解してもらい取り組んでもらう必要があります。意識が変わるだけで訓練の充実感は大きく変わります。

▶訓練前の準備

下には、主な4つの訓練を紹介しましたが、各訓練には、共通点があります。大切なことは、「子どもも教師も安全に避難する」ということです。

そのためには、**事前の準備（意識）**が重要です。起こるかもしれないという想定をしておくことが、いざというときに動けるかを大きく左右します。また、自分が動けるだけでなく、子どもにも動いてもらうためには、きちんと伝えておくことが重要です。

起こる確率は非常に低いかもしれませんが、決して0％ではありません。その意識を自分自身だけでなく、子どもたちにももってもらうことは、より安全な学校をつくるためにも不可欠です。

多くの学校が学期に1回以上避難訓練を実施しています。まずは、それぞれの訓練前に自分の役割を必ず確認しておきましょう。そして、訓練後には自分自身の行動を子どもたちと一緒に見直す時間を取るとよいでしょう。

4つの避難訓練の展開

01 地震対応避難訓練

地震が、起きたらまずは身を守ります。しかし、それは場所によります。自教室であれば机の下、廊下であれば近くの教室、もしくは外に出る。校庭であれば、建物が倒壊してこない位置等。起こった場所によって判断できるように、事前に学校で起こる想定をしておき、子どもたちに伝えておきましょう。

02 火災対応避難訓練

火災が起こり得そうな場所は、ある程度は想定できます。避難経路を確認しておき、火災が起きた場所を通らずに、最短ルートで校舎外に出られるルートをあらかじめ想定しておきましょう。また、逃げる際は、姿勢を低くすること、ハンカチなどで口元をおさえさせ、煙を吸わないことが重要です。

危機管理マニュアルの重要性

　あなたは、危機管理マニュアルの存在を知っていますか？手元には危機管理マニュアルはありますか？

　学校安全計画及び危険等発生時対処要領（危機管理マニュアル）は、各学校で必ず策定を義務付けられています。危機管理マニュアルは学校ごとの策定のため、載っている内容に違いはあるものの、避難訓練だけでなく、多くの緊急時の対応が載っています。

　もちろん、各避難訓練の内容や対応などについても載っています。みなさんがよく見ている学期に1回の各避難訓練の要項は、危機管理マニュアルから抜粋していると考えるとよいでしょう。そう考えると、全てが危機管理マニュアルにつまっているということが分かると思います。

　一度あなたの学校の危機管理マニュアルに目を通してみましょう。訓練の必要性だけでなく、組織として危機管理をどのようにマネジメントしていくのかが見えてきますよ。

03　不審者対応避難訓練

　校舎内、教室内に入れないことが重要です。教室で起こった際には、すぐに教室を施錠し、入口や窓側には机や椅子でバリケードをつくらせましょう（机を寄せるだけでもOK）。担任は子どもから離れてはいけません。応援を呼ぶ際もその場から大声を出したり、笛を吹いたりして呼びましょう。

04　津波対応避難訓練

　地域にもよりますが、地震対応避難訓練とセットで行われる場合が多いと思います。「地震＝外に出る」と考えることは大切な考えですが、その先に津波が押し寄せている場合は、かえって危険です。その後の放送も逃さず聞きましょう。また、「地震の後には津波も来るかもしれない」という意識をもちましょう。

雨の日・暑い日の過ごし方

▶ ねらい

雨の日・暑い日に起きる身の危険を理解するとともに、学級で楽しく過ごせる工夫を考える。

▶ 指導のポイント

6月以降になると雨の日や暑い日が多くなり、外で遊ぶことができない日が続きます。すると、いつも外で遊んでいる子どもたちもストレスが溜まり、学級に落ち着きがなくなることがあります。

雨の日や暑い日に起きる危険なことを話し合い、教室で過ごす意味や工夫して過ごせば楽しく過ごせるということに気付かせてあげましょう。

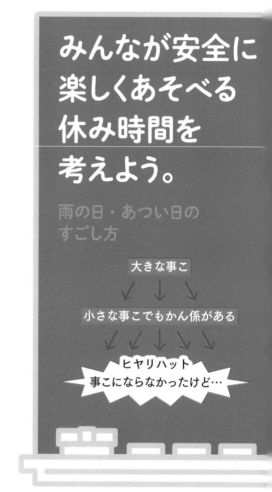

みんなが安全に楽しくあそべる休み時間を考えよう。

雨の日・あつい日のすごし方

大きな事こ

小さな事こでもかん係がある

ヒヤリハット
事こにならなかったけど…

活動の展開

01 怒られるからやめるからの脱却

子どもたちは、これまでの経験から雨の日や暑い日に気を付けなければいけないことを知っています。例えば、「ろう下を走らない」「帽子をかぶる」などの指導は受けてきているでしょう。

しかし、「怒られるからやめる」という考え方では、心から気を付けようとは思えません。

そこで、改めて3年生として「なぜ、そのようにしないといけないのか」について話し合うことで、様々な危険性を考えていきます。

02 ヒヤリハット的思考で考える

事故を未然に防ぐ考え方の1つに「ハインリッヒの法則」が用いられることがあります。

これは、「1件の重大事故の背景には、軽微な事故が29件、さらにその背後には300件のヒヤリハットが潜んでいる」という法則です。ここでは、2つの事例を取り上げます。

> ① 雨の日、1人の子がろう下で病院に行くほどのけがをしてしまった。
> ② 暑い日に、1人の子が熱中症になってしまった。

この2つの事例をもとに、ヒヤリハットを考えていく学習を進めていきます。

こんなことがあった…
どうしておきたんだろう?

◆雨の日

ろう下で
おおきなけがが!

走っていた。

みんなで
さわいでいた。

友だちを
せおっていた。

◆暑い日

外遊びで
ねっちゅうしょうに!

ぼうしを
かぶって
いなかった。

水をのんで
いなかった。

あそびに
むちゅうだった。

気のゆるみ・これぐらい・ふざけていただけ
そんな気持ちがとてもあぶない!

03 自分たちにできる工夫を考える

　危険なことは理解しても、きっと教室や廊下で騒いでしまう子はいるでしょう。それは、教室での過ごし方を理解していなかったり、教室遊びに魅力を感じていなかったりするからだと言えます。

　そのために、教室で楽しく過ごすための工夫をみんなで考える必要があります。イベントを企画したり、静かに過ごしたい子の気持ちを考えたりするといいでしょう。

　自分たちにできることを話し合うことが大切です。その例を、次の04で紹介していきます。

04 雨の日にできるイベント

　教室でできる遊びをみんなですると特別感が出て、子どもたちも楽しめます。フルーツバスケットや椅子取りゲームなど、机を動かさないとできないものは授業の準備もあるのでおすすめしません。次のようなものを、時間を決めて行うとよいでしょう。

　また、参加は自由とすると休憩したい子も自分の休み時間が確保されます。

■トランプ大会
　ババ抜きやスピードなど、ペアでリーグ戦をすると盛り上がります。

■絵しりとり大会
　グループで3分以内にどこまでつなげられるかを競う遊びです。

プール指導

▶ねらい

　水泳運動の心得を守って安全に気を付けて学習することができる。浮いて進む運動や、もぐる・浮く運動を行い、行い方を知るとともに、動きを身に付ける。

▶指導のポイント

　3年生以降の水泳運動（低学年では水遊び）では、中学年が「浮いて進む運動」及び「もぐる・浮く運動」で、構成されており、高学年の「クロール」「平泳ぎ」及び「安全確保につながる運動」につなげるために重要な学年です。とりわけ中学年では、もぐる・浮くなどの経験を通して、十分に呼吸の仕方を身に付けておくことが大切になります。

▶安全に水泳学習を　進めるために

①子どもの確認

・子どもたちの体調を確認しましょう。
　学校指定の健康観察カードなどがある場合は、忘れた児童は入水させない（学校のきまりを確認する）。

＊多くの児童はプールに入ることを希望しますが、絶対に無理をさせてはいけません。止めるのも教師の役割です。

・プール終了後にも体調確認を必ず行います。

②プール等の確認

・塩素濃度が、基準値を満たしているかを確認しましょう。
・水温、外気温の確認をしましょう。
・AEDを準備しましょう（学校に複数個ある場合は、職員に周知の上、プールサイドに持ってきておきます）。

指導のアイデア

01 【浮いて・進む運動】 基本　け伸び

　プールの底や壁を蹴った勢いで進むけ伸びの姿勢は、重要なフォームです。体を一直線に伸ばした姿勢で進んだり、友達の股の下をくぐり抜けたりします。

02 【浮いて進む運動】 発展　初歩的な泳ぎ（ばた足・かえる足泳ぎ）

　ばた足やかえる足泳ぎなど、補助具を用いて頭の上方に腕を伸ばした姿勢で足を動かし呼吸をしながら進みます。水面に顔をつけばた足で進むなど、呼吸を伴わない初歩的な泳ぎを行います。

苦手な子への手立て

【浮いて進む運動】

・け伸びで体を一直線に伸ばせない

→補助具や友達の手につかまり、大きく息を吸って伏し浮きの姿勢をとれるようにしてあげます。

・け伸びで壁を強く蹴ることができない

→ボビングを練習し、ボビングの高さを競走させましょう。

【もぐる・浮く運動】

・底にタッチができないとき

→水深が浅いところから徐々に取り組めるようにしてあげます。

・ボビング時に息を吸うことができない

→バブリングで息を吐き切っていないことが関係しています。ブクブク・パーと声を出させましょう。

---

03 【もぐる・浮く運動】 基本
プールの底にタッチ、股くぐり 背浮き、だるま浮き

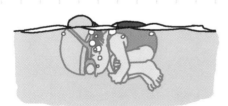

　プールの底にタッチをしたり、友達の股をくぐったりして水の中で呼吸を止める練習をします。大きく息を吸い込み全身の力を抜いて、背浮きやだるま浮きなどのいろいろな浮き方を練習します。

04 【もぐる・浮く運動】 発展
バブリング・ボビング

　バブリングは水中で鼻から息を出し続けることを言います。ボビングとは水中に立った後、水底を蹴ってジャンプし、顔を水中と水上に出し入れしながら上下運動することを言います。ポイントは、水の中で全ての息を吐き切っておくことです。

土曜参観

ねらい

子どもと保護者が共に楽しく授業に参加することで、学校と家庭との交流を深める。

指導のポイント

授業参観は、保護者に日々の子どもたちの様子を見てもらうことで、学校と家庭がつながるとても大切な時間です。

参加率の高い土曜参観だからこそ、保護者も子どもと一緒になって授業に参加できるものを考えてみましょう。

授業づくりの視点として、2つの時間を大切に考えてみることがポイントです。

①子どもと保護者が一緒に取り組める時間
②子どもが保護者から学べる時間

なんでも食堂を開こう

参加型の授業参観は、工夫すればいろいろな学習で行うことができます。例えば、

・図画工作で一緒に作品をつくる。
・体育で一緒に運動をする。
・道徳で一緒に語り合う。
・国語で一緒に詩をつくる。

一緒に子どもと保護者が活動できるものや、1つの作品をつくるものを選ぶといいでしょう。ここでは、図画工作での学習を紹介します。

テーマは「なんでも食堂を開こう」です。色画用紙を使って、紙皿やどんぶりに盛り付けていく学習の流れとなります。

〈準備物〉
・紙皿、どんぶり（紙）
・ハサミ、のり
・色画用紙（できるだけたくさんの色）

参観授業の展開

01 保護者向けに事前に連絡する

参加型の授業参観を行うときに気を付けたいことは、事前に連絡するということです。保護者も授業に参加するなら、知っておきたいでしょう。終わってから事前に知っておきたかったと言われる前に、学年だよりや学級だよりを通して連絡しておきましょう。

02 座席は班の形式で行う

何も考えず自分の子どもの隣に来てもらうと、保護者が参観に来ていない子どもが目立ってしまいます。座席を班にすることで、自分の子どもだけでなく班の子どもたち全員と関われるようにしましょう。

Point 子どもが保護者から学べ、一緒に取り組める時間をつくる！

ハンバーグ

ラーメン

パスタ

なんでも食堂を開こう！

03 具材をつくる

画用紙を工夫して使えば、いろいろな具材をつくることができます。次のような課題を提示し、みんなで考えてみましょう。
「麺は、どうつくる？」「ご飯は、どうつくる？」
「ネギ（薬味）は、どうつくる？」

04 保護者の技を取り入れる

保護者は、身近なゲストティーチャーです。保護者の技を取り上げながら、学びを深められるようにしましょう。活動時間に余裕があれば、お互いがお客さんになってみるのもよいかもしれません。

振り返りを通して2学期につなげる

▶ 7月の目標

　7月と言えば、1学期のまとめの時期です。最後の最後まで学級の成長に力を注ぐことはもちろん大切なことですが、1学期の振り返りを行い、2学期につないでいくことが大切です。特に1学期は、先生と子どもたちが生活して間もないということもあり、改善点も多く見られることでしょう。それらを分析し、2学期へとつないでいきます。

7月の学級経営を充実させるために

　7月は子どもたちはもちろん、先生もしっかりと自分自身の学級経営を見直す時期です。
　例えば、次のような観点から学級を振り返ってみましょう。

・1日の生活は子どもたちの混乱なくスムーズに過ごせているか
・教室は小ぎれいな状態が保たれているか
・一人一役当番はうまく機能しているか
・掃除当番はうまく機能しているか
・給食当番はうまく機能しているか
・全員が誰と組んでも協働的な学習を実施できているか（男女の仲はどうか）
・子どもたちは自分のことをきちんと自分でできているか（整理整頓など）

　これらをしっかりと振り返るようにします。
　そして、改善点が見られたなら、子どもたちに説明を加えながらシステムを改善してきましょう。1学期は多くの改善点が見付かるのが普通です。しっかりと振り返り、2学期へとつなげましょう。

注意事項

　先生が中心となって考えることはもちろんですが、子どもたちも改善点の分析をすることに巻き込んでしまいましょう。「みんなはどんなところを変えていくと、2学期はよりよく過ごすことができそう？」と子どもたちに話題を投げていきます。

学期末のお楽しみ会

▶ねらい：みんなで協力し、お楽しみ会を成功させよう！

　子どもたちが中心となってお楽しみ会を企画し、仲間と協力してお楽しみ会をつくり上げることを通して、協働的な学びを進める力を身に付けるとともに、子どもたちの姿を観察し、どれくらい仲間と協力できるのかをつかむ。

▶活動例

　学期末と言えば、お楽しみ会です。
　私はお楽しみ会を行う際、次の2点を大切に進めています。

・子どもたち自身が企画し実行すること
・ICT端末の活用技能を高めること

　子どもたちに「お楽しみ会をやりたいか」と聞くと、全員一致で「やりたい！」と言うことでしょう。子どもたちはお楽しみ会が大好き。それをうまく活用し、「先生ももちろん実施してもいいと思っています。ただし条件があります」と言い、「それは、自分たちだけの力で進めることです」という条件を付けるのです。
　すると、子どもたちは「よし！お楽しみ会のために自分たちでやろう」と意気込むことでしょう。
　意気込んだ子どもたちは、普段よりも少し大きな力を発揮して、自分たちで進めようとします。
　このやる気をうまく活用し、最後の最後まで協働的な活動の力を高めるのです。

▶活動後のポイント

　お楽しみ会でも、ぜひPCをフル活用しましょう。出し物一覧表、クイズのスライド、司会原稿など、デジタルにすることで、ICT端末の技能が向上しますし、紙のごみを出さずに済むなど、多くの利点があります。

成績①

▶ねらい

　子どもの成長を子ども、保護者、教師で共有するため、成績を通して現時点で身に付いている力や伸びようとしていることを把握する。

▶指導のポイント

　成績は日々の見取り、評価を見える化する1つの方法です。学習に対しての現状と課題が見て分かるものにしましょう。しかし、学校ごとに通知表のフォーマットは決まっています。単元ごとや観点別などがあります。自分の学校の通知表のフォーマットはぜひ、4月に確認をしましょう。そして、項目ごとに日々の学習の見取りを記録していくことをおすすめします。

▶日々の記録のアイデア

■準備物

- ・ファイル
- ・ルーズリーフ（無地のものに名簿印刷）
- ・インデックスシート（教科で色分け）

■記録の流れ・ポイント

①名簿を用意する。

②日々の記録を領域に分けて、評価していく（日付・学習内容・評価）。

→学期ごと（前期・後期）に連続して付けておく。

③領域（通知表の項目）ごとに記録する。

日付	5/10	5/12	←			思考 知・技
	面積（三角形）	〃（平行四辺形）	〃（台形）	〃（ひし形）		
名前	3	5	4	5		
	4	5	4	4		
	3	4	3	3		
	5	4	4	5		

インデックス。教科ごとに色分けする。

評価の留意点

01　観点や項目ごとに記録を！

　毎日の学習には、ねらいがあります。そのねらいを達成できているかどうか見取ることが教師の仕事です。毎時間できればいいけれど難しいこともあります。だからこそ、評価の観点を焦点化して記録に残していくことで、成績の時期に慌てることがなくなります。

◎通知表の項目に合わせ名簿をつくります。

◎学習のねらいに合わせて、発言や振り返りなどを記録します。

↓

*しかし、毎時間全員分は大変です。単元の終末以外は、1時間で変容が見られた子どもや皆が納得する意見を伝えた子どもなどを記録します。

02　テストの記録も同じように！

　テストの記録は全体の点数ではなく、観点や項目別に行いましょう。テストを行う方法はたくさんあります。目的に合わせてテストを行うようにしなければ、逆効果になることがあります。だからこそ、点数をもって子どもに何を伝えていくかを考える材料にもなります。

　また、成績をつけるということは、子どもにも保護者にも説明責任が求められます。しっかり伝えられるようにすることも大切です。

みんなHAPPY

どのように成績を渡すかを見極める！

① 全体への共有 → 個別質問タイム
② １対１の面談型（時間にゆとりがあれば…）
③ 主に伸びの大きかったことを伝えながら個別に渡す
④ 成績の見方表を通信などで作成し渡す

03 「もうすぐ成績提出…」の少し前に…

　成績をつけて、提出する日時は決まっています。締め切りの１週間前には完成させ、子どもの様子を見る余裕があれば、さらに子どもや保護者に語れることが増えます。

　１、２のステップを踏んでいれば十分可能です。学校によっては単元ごとの項目があるところもあります。また、学年などで基準を話し合うこともあると思います。方向性が決まれば、今までの記録を見直すだけです。

　一度、成績をつけてみて寝かせることで、新たな子どもの姿の発見ができます。

04 成績は子どもたちに説明を…

　教師が成績をつけることで子どもが落ち込むようでは困ります。しかし、意味が分かれば次への活力になります。通知表が自分の成長につながることなど、通知表の見方・成績のつけ方はある程度子どもたちに話をしましょう。

　成績の渡し方で、さらに次へのステップアップが見込まれます。

①全体への共有→個別質問タイム
②１対１の面談型（時間にゆとりがあれば）
③主に伸びの大きかったことを伝えながら個別に渡す
④成績の見方表を通信などで作成し、渡す。

　どの方法が自分と子どもと学校の状況に合っているかを見極めましょう。

成績②

▶ねらい

記述する所見欄には愛を込めたメッセージを書くことで、「認められている」を実感できるものにする。

▶指導のポイント

文章で表記するものは、総合的な学習の時間、道徳、特別活動、総合所見、外国語活動もそうです。書いたものは文章になり、目に見える形で残ります。プラスの言葉を使うことはもちろん、何度も読みたくなるものにしたいです。しかし、1から全員分を考えると時間がどれだけあっても足りません。自分なりのフォーマットをつくり、対応できるようにすることをおすすめします。

「認められている」を実感させる！

所見の留意点

01 総合所見

「友達に優しいあなたが素敵だよ」を伝えることができる総合所見欄。よいところを「らしさ」重視で書いていきます。

そのためには、日々の頑張りを記録しておくことが大切です。付箋に日付と名前と頑張りを書いて残しておくのもいいですね。

「でも、メモするのも結構大変」。そんなときは、キャリア・パスポートなどを活用して子ども自身が成長を実感できていることを中心に書いていきます。認められているなと思えるとまた、次への頑張りにつながります。学習面、生活面の顕著な姿を1つずつ書くと、そのときの場面が呼び起されてより実感が深いものになります。

02 総合的な学習の時間

具体的にテーマ名などを入れることが大切です。総合的な学習の時間の取組で何が評価されているのかが分かるように、伸びしろの部分を記述します。

調査する中でうまく進められていたこと、情報活用の方法、比較など、どんな方法で進めていき、今の段階はどうなっているのか、ということを書いていきましょう。

フォーマット例
〜していくうちに、〜になりました。

×：悪い例
〜できました。の文末はそれしかできていないのかという気持ちを招くことになる。

地域の環境について調べたことを分かりやすくまとめ、校内の情報コーナーに貼ってみんなに伝えていました。イラストやグラフを使い表現を工夫している点がよかったです。

遅刻をしてしまい、人を待たせてしまった経験から、主人公と自分自身を重ね合わせて節度について考えていました。

「How many〜」の表現を使い、りんごの数を尋ねたり、答えたりすることに慣れ親しんでいました。

How many apples?

総合的な学習の時間

道徳科

外国語活動

03 特別の教科　道徳

　学習状況や成長の様子を把握して評価する道徳科。日々の授業の中で、その子の伸びを文章で表します。

　ねらいをもとに道徳的価値についてどのように理解しようとしたかを基準に、自己を見つめられていたか、物事を多面的・多角的に捉えられていたか、自分の生き方を見つめたり、人間の弱さに注目できたかなどの項目で評価します。ある一定のまとまりの中での伸びを重視していきます。顕著なものは、教材名を入れて書く場合もあります。

04 外国語活動・特別活動

　3年生で初めて始まる外国語活動。英語を話したり、聞いたりしてコミュニケーションを図るとともに、楽しく意欲的に学ぼうとしているのかがポイントです。

　3学期制の場合は、知識及び技能、思考力、判断力、表現力等、主体的に学習に取り組む態度の観点を項目に分けて学期ごとに顕著な姿を記述していくことも可能です。文字数も限られています。毎時間の頑張りが蓄積されるものと照らし合わせて評価をしましょう。

　特別活動では、係活動での自主的な姿について記述したり、学校行事において成長が見られた際にその姿を記述することもあります。

個人懇談①

▶ねらい

　子どもの成長を保護者と教師が共に喜ぶ時間になるように子どもの情報を具体的に伝えたり、お家で頑張っていることを尋ねたりする。

▶指導のポイント

　個人懇談までに子どもの自己評価やキャリア・パスポートに取り組んでおくと、情報もあり具体的な子どもの姿を語ることができるのでおすすめです。また、お家での素敵なところや今力を入れていることを教えてもらえると、学校での頑張りと重ねて個人懇談後に子どもに伝えることができます。

▶保護者のための環境づくり

　個人懇談を待つ時間も、保護者が子どもを感じることができるような空間をつくることが大切です。ただ待つだけでなく、来てよかったと思ってもらえる時間は待ち時間から始まっています。

　子どもの作品を掲示したり、保護者に呼んでほしい絵本なども置いておくこともおすすめです。

　作品は学校での頑張りを伝えるため、絵本などは子どもたちの成長のために今必要なことや実際に読み聞かせをした本などを並べておくことで、共通の話題ができ、親子の会話も広がります。

個人懇談を成功させるために

01 懇談の環境・待ち時間の工夫

　個人懇談は1人当たり10分から15分と極めて短い時間で行います。一方、有意義な時間にするためには、ちょっとした工夫が必要です。

■懇談会場の教室
①机は4つ程度を付ける。
②対角線上に座れるようにする。
③荷物を床に置かないでいいように近くに机を置く。
④換気をするが、他の保護者に声が聞こえないように教室の奥で行う。
⑤待機する椅子は3つ程度出しておく。
⑥時間通りに進むように予定を掲示しておく。

■待ち時間の工夫
①廊下などの待機場所も涼しい空間にします。
②子どもの作品は掲示するだけでなく、手に取ってみることができる物や動画もおすすめです。行事等でとった写真をスライドショーにするだけでも、エンドレスで流すことができ、待ち時間を退屈させずに済みます。
③絵本を読めるようにしておきます。保護者も絵本に興味のある人がいます。子どもが最近読んでいるものや読み聞かせで反応がよかったもの、教師からのメッセージとなるようなものなど、いくつか並べておくとよいでしょう。

タイムスケジュール

対角線に座る

机は4つ

荷物置場

〜懇談会場の例〜

02 個人懇談の内容は8：2

短い時間で話すためには、要点を伝えることが重要です。

よいことを8割程度、課題を2割程度話しておくことで、夏休みの過ごし方も変わってくると思います。

自己評価カードやキャリア・パスポートを目の前にして話をすると、子どもの思いも届くので保護者にも内容が伝わりやすいです。

■保護者から教えてもらおう！

お家での様子は保護者が一番分かっています。また、学校での姿、お家での姿はそれぞれ違います。甘えの出る部分、お家だからこそできることなど、学校では見せない表情、姿を聞くチャンスです。全体の話は保護者が6割、教師からは4割ぐらいがベターです。教師から伝えることが多すぎても、少なすぎても子ども理解に対して不信感を抱くことになります。教師は聞き役に徹する時間も必要です。始まりは、保護者からが理想です。

2学期に向けて

▶ねらい

7月のうちに2学期に向けて動き出し、夏休み明けのスタートをスムーズに切れるようにする。

▶指導のポイント

1学期分の学習を終え、学期末個人懇談会が終わり、お楽しみ会をやったら、あとは何をしますか。時数にゆとりがあれば、ぜひ2学期に向けて動き始めましょう。

特に会社活動（係活動）や一人一役当番などを話し合っておけば、夏休みの間に面白いアイデアを見付けてきます。また、2学期初めに役割決めの時間を取らなくていいので、教科学習や運動会の練習に時間を割くことができます。

▶何を決められるか？

2学期の初めに決めることは、どんなことですか。「会社活動」「一人一役当番」に加えて、「席替え」や「掃除当番」「給食当番」のメンバーを入れ替えることもあるでしょう。教師が主体となって決めたとしても、2時間はかかります。2学期初めは、時間が惜しいものです。

1学期末は、順調に進めることができていれば時間が余りやすいでしょう。そこで、「会社活動」と「一人一役当番」について、どんな役割があるかアイデアを募っておきます。7月中であれば、1学期の反省を覚えている間に活かせるため、アイデアが出やすいでしょう。

また、1学期の振り返りと2学期に頑張りたいことを、キャリア・パスポートや振り返りシート（右図参照）にまとめておくのもよいでしょう。

ちなみに、夏休みは転出入があるかもしれませんので、メンバーまでは決めなくてよいでしょう。

2学期に向けてやるべきこと

01 1学期を振り返ろう

リコーダー練習　楽しく遊ぶ

1学期の振り返りをワークシートなどに書いておくことで、2学期にやりたいことが見えてきます。書いたプリントは、保護者に渡させたり、キャリア・パスポートなどに挟んでおいたりすれば、さらに活用することができます。

02 一人一役当番を考えよう

1学期を振り返ると、「私の当番、あまり出番がなかったな」「こういう当番があったほうがいい」と、改善点がたくさん見付かります。「鉄は熱いうちに打て」と言われるように、夏休みで冷める前にアイデアを出し合っておきましょう。

1学期振り返りシート　→2学期にやりたいことが見えてくる！

1学期をふり返って　　　　名前（　　　　　　　）

		とくにがんばったこと	点数
学習面	国語	(例) 友だちの発表をさん考にして、自分の考えをたくさん書きました。	9
	算数		
	社会		
	理科		
	体育		
	図工		
	総合		
	音楽		
	外国語		
	道徳		

		（　　　　　　）係	
生活面	クラスのこと	給食当番・掃除当番・日直　自主的に行ったこと　など	
	整理・忘れ	お道具箱・ロッカー・月曜セット　など　&　忘れ物	
	宿題	忘れずに出せましたか	
	休み時間	どんなことをしていましたか	
	友だち	前から仲がいい友だち（ほかのクラスなら、「3−○：名前」）	
		1学期から新しく仲よくなった友だち	

7月

03　新たな会社活動を考えよう

新会社を
つくろう！

初めに、「既存の会社で続けたければやってもOKだけど、2学期は新しい会社としてリセットします」と伝えておくことで、現行の会社から出やすく、新しい会社に入りやすくなります。メンバーが変われば、新たな人間関係が生まれます。

04　2学期にやりたいイベントは？

さらに時間があれば、「2学期はどんなイベントをしたいかな？」と聞いてみましょう。1学期のお楽しみ会で、もっとやりたかったことや新たなアイデアを教えてくれます。例えば、「クラスの曲をつくりたい」など、新たな取組も生まれるかもしれません。

109

夏休みの過ごし方「一人一台端末」

（情報モラル）

▶ねらい

　子どもたちが夏休みを安心・安全に過ごすことができるとともに、インターネットでのトラブルに巻き込まれない指導を正しく行う。

▶指導のポイント

　3年生は、友達づくりが盛んになり、個人から集団での行動に変わってくる年齢です。それに伴い、行動範囲も広がることを理解しておき、適切な行動をとることができるような指導をする必要があります。また、長期休業期間においては、学校だけでなく、家庭や地域との連携が不可欠になります。

▶保護者からよく聞かれる声

　下記のような声をよく聞くため、これらの問題を解消するために情報共有と保護者連携をしっかりと行いましょう。

・学校の端末を家で何に使っているのかよく分かりません。

・子どもに尋ねても、「勉強で使っている」と言うだけで本当に活用できているか分かりません。

・勉強以外のことでも使っているようで、かえって逆効果のような気がする。

・学校の端末でできる機能が知りたい。

・YouTubeばかり見ている気がする。

・違法サイトにアクセスしていないか心配になる。

・友達とチャットをして遊んでいる。

一人一台端末の活用

01 一人一台端末でできること

　GIGAスクール構想が始まって、全国の多くの学校で一人一台端末が普及することとなりました。普段は持ち帰りをさせていない学校も長期休業では持ち帰りをさせることが多いのではないでしょうか。

　持ち帰らせるということは、ICT端末を活用して課題を行ったり、課題に関係する内容を調べさせたりするといった学校の意図が必ずあるはずです。

　なぜ持って帰るのか、何をするときに活用するのかということを正しく保護者にも伝える必要性があります。

02 情報の共有

　一人一台端末を家庭でも有効に活用するには、情報共有と保護者連携が欠かせません。

■目的、使用アプリ、使用頻度や時間を伝える

　学習で活用するといっても、保護者からすれば大括り過ぎて理解できません。どの教科で、どれくらい、どんなアプリを使うのかをきちんと伝えましょう。また、目安で構わないので使用予想時間も伝えておくとより丁寧です。目的や意図が分かれば、保護者の声かけも変わってきます。また、間違った使い方があれば、その場で指導してもらうこともできます。

夏休み！！　タブレットを使う宿題リスト

	教科名	目的	使用アプリ	使用頻度	使用時間
①	国語	使用しません			
②	算数	計算プリント	○○○○	毎日	15分
③	理科	植物観察記録	カメラ	毎日	1分
④	社会	使用しません			
⑤	図工	使用しません			
⑥	音楽	リコーダーの練習 （動画視聴）	音楽ブラボー（NHK for School） リコーダーに挑戦しよう リコーダーをうまくふこう	2回	1回(10)分
⑦	体育	浮く・泳ぐ練習 （動画視聴）	水泳（NHK for School） けのび、ばた足、かえる足に挑戦だ	1回	10分
⑧	総合	インタビューの仕方 （動画視聴）	（NHK for School） 地域のよさを伝えよう インタビューの仕方をくふうしよう	1回	10分
⑨	外国語活動	使用しません			
⑩	その他	夏休み思い出新聞	カメラ・文書作成ソフト	1回	120分

1日の決めた宿題を終わらせることができれば
30分間のお楽しみタイムをゲット

わたしのお楽しみタイムの使い方

目的	使用アプリ	使用時間
		30分以内

私は、30分たってもお楽しみタイムをやめなかった場合は、お楽しみタイムがなくなることをりょうかいします。　　　　　　　　　　　　　　　月　　日　名前（　　　　　　　　　　　　　）

Point 保護者に、目的・使用アプリ・使用頻度や時間も伝える！

---

03 保護者連携を大切にする

■端末の機能制限について

「学校の端末ではどのような機能が使えるのか」ということを一覧にして、保護者に伝えておくとよいでしょう。スクリーンタイムをかけることができるのか、違法サイトはフィルターがかかって閲覧できないようになっているかなど、何がどこまでできるのかを知ってもらうことで、夜間は保護者に預かってもらうなどといった具体的な行動にもつなげることができます。

意図や目的を伝えていて、活用する中でトラブルが起こることはあります。もちろん、起こらないこともあります。大切なことはなぜ起こったのか、または起こらない家庭の工夫を知ることです。それが保護者との連携です。夏休み後に保護者に対してアンケートを実施しましょう。

一人一台端末の夏休みの使い方について、うまく活用できた家庭の取り組み方や考え方を記入してもらいましょう。それを懇談会で話してもらったり冬休み前の学級通信に載せたりして情報共有しましょう。家庭のことは保護者が一番理解しています。うまく連携を取ることが大切です。

夏休みの課題（自由研究）

▶ねらい

外部の評価機関とうまくつなげ、子どもたちが目的や意図をもって課題に取り組めるように工夫をする。

▶指導のポイント

夏休みには、時間をかけて取り組める宿題を出しましょう。また、取り組み内容を複数準備しておき、子どもたちが自分に合った取組を選べるようにしておきましょう。自主性を重んじた課題にすることで、子どもたちの新たな一面を見付けるようにしましょう。

▶企業の取組を探そう

夏休みの自由研究や課題を1から子どもたちや先生が考えることは大変です。

多くの企業や団体が子どもたちの作品募集を実施しています。団体の中には参加賞を用意したり、審査員賞などの賞を設けたりしている団体もあります。事前に、それらを調べて一覧にしておき、子どもたちには、その中から自分が取り組みたい課題を選ばせて取り組ませるといいでしょう。

3年生の段階では、自分の取組に対する評価をもらうという経験はよい効果を生み出すことが多いです。

募集要項などを一覧にしたプリントを用意し、子どもと保護者に配布し、取り組みたい内容を共通理解しておくこともスムーズに課題に取り組むためには大切になります。

子どもが選びやすいように分野・種類ごとに分けて1枚プリントを作成する

たくさんあるが、どれか1つに絞って取り組む →

子ども自身が興味をもったことにチャレンジさせる →

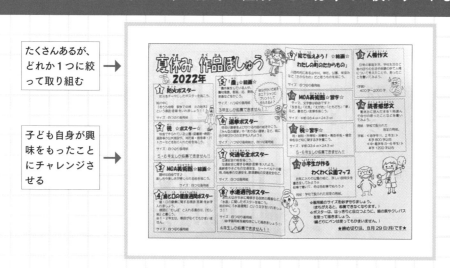

多くの公的な機関や、民間企業が実施しているコンクール

- ●ゆうちょアイデア貯金箱コンクール（株式会社ゆうちょ銀行）
- ●ボンドのコニシ　夏休み工作コンテスト（コニシ株式会社）、
- ●Pacomaつくる!コンテスト（株式会社　日宣）
- ●リサイクル工作コンクール（公益財団法人ちゅうでん教育振興財団）
- ●「海とさかな」自由研究・作品コンクール（朝日新聞社他）
- ●手づくり絵はがきコンクール（日本製紙連合会）
- ●虫や植物とふれあうコンテスト（フマキラー）
- ●科学の芽賞（筑波大学）
- ●自然科学観察コンクール（毎日新聞社・自然科学観察研究会）
- ●算数・数学の自由研究（理数教育研究所）
- ●全国小学生「未来」をつくるコンクール（ベネッセ教育総合研究所）
- ●全国小・中学生作品コンクール（子どもの文化・教育研究所）
- ●夏休み！親子で取り組む、おそうじ自由研究！（株式会社KIREI produce）
- ●キューピーの自由研究（kewpie）
- ●LABOCON（アップ教育企画）
- ●パソコン×自由研究コンテスト（Gakkenキッズネット）
- ●すごすぎる雲の研究（KADOKAWA）
- ●Quizknockと学ぼう！自由研究コンテスト（朝日学生新聞社）
- ●目指せ！ルーヴルこども絵画コンクール（住友生命保険相互会社）
- ●古民家フォト甲子園　小学生部門（全国古民家再生協会）
- ●小川珈琲　オランウータンの森　絵画コンクール（小川珈琲株式会社）
- ●全国小学生ポスターコンテスト（日本照明工業会他）
- ●全国児童画コンクール（毎日新聞社、毎日小学生新聞他）
- ●花王国際こども環境絵画コンテスト（花王株式会社）
- ●手を洗おう、きれいな手！ポスターコンクール（日本石鹸洗剤工業会）
- ●絵画コンクール　ぼくとわたしの阪神電車（阪神電気鉄道株式会社）
- ●パナソニックキッズスクール環境絵画コンクール（パナソニックエコシステムズ（株））
- ●夏休み犬の絵コンクール（ジャパンケネルクラブ）
- ●小中学生絵画コンクール　見つけたよ、わたしの地域の税関（日本関税協会）
- ●令和の年金広報コンテスト【ポスター部門】（厚生労働省）
- ●ホンダのこどもアイデアコンテスト（本田技研工業株式会社）
- ●『ドコモ未来ミュージアム』創作絵画コンクール（NTTドコモ）
- ●「宇宙の火」作文絵画コンテスト（JAXA）
- ●全国小中学生動画コンテスト（FULMA株式会社）
- ●手紙作文コンクール（日本郵便株式会社）
- ●「WE LOVE トンボ」絵画コンクール（朝日新聞社ほか）
- ●おいしい！たのしい！コオロギパン自由研究コンテスト（Pasco）

- -

上記で紹介したのは2022年度に募集を行っているコンクールです。
紹介しているのは一部で、他にもたくさん募集があります。特に、地域や地元に根付いたコンクールなども
あるはずです。まずは、この辺りから始めてみてはいかがでしょうか。

終業式（1学期）

▸ねらい

4月からの過ごし方を振り返らせ、自己理解を促すと同時に、2学期に向けての目標をもたせる。

▸指導のポイント

3年生は新しい教科がいくつも増えます。それに伴い、6時間授業なども増えます。新しいことが増えた中でがむしゃらに走り切った1学期をじっくりと振り返り、自己の頑張りを認め、他者を認め、2学期からもよいスタートが切れるように声かけをする必要があります。

▸個人写真や学級写真を撮っておこう

毎学期の終業式の後には、必ず学級写真や個人写真を撮る癖をつけましょう。学期を振り返る際に写真は非常に効果的です。自由にポーズを取らせるのもよいですが、その学期に作成したものや、子どもたちとの思い出とともに撮るとよいでしょう。

また、暑中見舞いを書いてきてくれる子どももいます。そんなときに学級写真があれば、イラストに悩む必要もありません。また、個人写真があれば一人ひとりに違いを生み出すこともできます。毎日撮影することは忘れがちなので、終業式では写真を撮るということを学年の決め事としておいてもよいかもしれません。

※個人情報の取扱いには、十分に注意しましょう。

終業式の考え方

01 振り返りは未来思考

振り返りをする際には、必ず未来思考である必要があります。この先の人生をよりよくするにはどうしたらよいのか、どうしたいのかを考えさせましょう。

振り返る視点は、A生活面とB学習面とありますが、1学期は生活面の変化が大きいこともあるため、生活面にフォーカスして考えましょう。

大きく3つに分けて振り返らせましょう。

①主として自己との関わり
（宿題、忘れ物、あいさつなど）

②主として他者（友達）との関わり
（友達に対する発言）（広がった交友関係）
（友達との関わりで楽しかったこと）

③主として集団（学級・学年）との関わり
（学級の係活動、掃除、給食当番）

①と②は得意でも③が苦手であるなど、子ども一人ひとりに特徴が見えてくるはずです。

苦手なことがあることを認めつつ、よりよくするにはどうしていくことが望ましいのか。どうしていきたいのかを考えさせましょう。

これが2学期の目標にそのまま活用することにもつながります。2学期の目標を2学期に立てるクラスをよく見ますが、一番よい時期は振り返りを行ったすぐ後、つまり1学期の終業式なのです。

02 担任からの声かけが
最高の評価

　終業式には、多くの学校で通知表が渡されます。さて、通知表は何のために渡すのでしょうか。そもそも、評価は何のためにするのでしょうか。

　評価にはいろいろな意味がありますが、その中でも大切にしてほしいのは、評価とは

子どもを認め、励ますものである

ということです。子どもを認め、励ますことはどうすればできるのでしょうか。それは、通知表を渡す際の教師と子どもたちとのやり取りです。通知表を渡す際に、まず、子どもたちに1学期を振り返って自分自身が頑張ったことやできるようになったことを語らせましょう。

　そして、子どもの言葉をしっかりと肯定してあげましょう。また、子どもたちがさらに頑張れるような言葉かけをしてあげましょう。所見に書かれていることを伝えても構いません。

　子ども一人ひとりの目を見て、伝えてあげましょう。また、課題がある子どもには、課題に対して前向きに捉えられるような伝え方で声かけをしてあげましょう。

　通知表には現れないことかもしれませんが、子どもたちの成長を一番近くで見てきた担任だからこそ、伝えられる言葉がそこには必ずあります。

　頑張りを認め励ます。そんな形で1学期の終業式を終えるとよいでしょう。

7
月

教師も楽しみにしている夏休みを最高の時間に

▸ **8月の目標**

　1学期を何とか乗り切った若い先生にとって、夏休みは貴重な充電期間です。休むもよし、学ぶもよし。一度しっかりとリセットすることを意識しましょう。夏休みという長期間にしかできないことが教師にもあります。計画的な夏休みを過ごし、夏を充実させましょう。

8月を充実させるために

　夏休みにするべきことは、以下の3つです。

● ① しっかり休む

　時間があるからと、仕事や学びを詰め込みすぎてはいけません。夏はしっかりと休むことも教師の大きな仕事のつもりで、しっかり休みましょう。非日常体験が9月以降のエネルギーになります。旅行に出かけるもよし、趣味に没頭するもよし、夏にしかできない時間を過ごしましょう。

● ② 学びを積み上げる

　とはいえ、日頃の忙しさでできない学びにもチャレンジしてみましょう。夏は各地で研修会が実施されています。ぜひ、自分で行きたい場所を見付け、主体的に参加してみましょう。仕事を充実させるきっかけとなるはずです。積極的な学びにも挑戦しましょう。

● ③ 2学期以降の見通しをもつ

　若い教師や転勤した教師は、「1学期は流れのままに」進んだ人もいることでしょう。見通しがもてないままに進むのは、疲労度も3倍ほど変わってくると私は思っています。2学期に向けて、学校行事や学習内容など、しっかりと見通しをもっておきましょう。

注意事項

　ただ、夏休みとはいえ「気になる子」への配慮だけは忘れないようにしてください。特に不登校気味の子には、夏休みが明ける数日前には必ず連絡を取るようにしましょう。

1冊のノートで夏の思い出を

▶ねらい

　教師自身が「（8月専用の）マイノート」を作成し、ポートフォリオとなるようにすることで、夏の記録を残し、長期休業で何に取り組んだのかが可視化できるようにすることで、夏休みの充実度を高めるようにする。

▶活動例

　教師も子どもたちも楽しみにしている夏休み。

　しかし、時間がいたずらに長いことで、休暇が明ける直前に「いったい何をして夏休みを過ごしたのだろう」と自己嫌悪に陥ってしまうことも少なくありません（実際に私も何度も体験しています）。

　それは、

> ① 普段よりも長い自由時間の「使い方」が分からない
> ② 長期休暇で「何をしたのか」が明確に残っていない

という2点が挙げられます。

　それを防ぐのが「夏専用の1冊のノート」です。

　このノートに、夏の予定や研修会での学び、さらには旅の記録まで全てを残すようにするのです。だんだんと書き込みがたまっていくことで、充実感も同時に得られるはずです。

　夏休みは常に、このノートと過ごすというくらいでいいでしょう。

　私のおすすめはA4サイズの大きなノートです。ノートのサイズは、思考のサイズとも言われます。

　ぜひ、1冊のノートとともに、充実した夏を過ごしてください。

▶活動後のポイント

　できれば、夏のノートをためておくようにしましょう。そうすることで、来年度の夏の計画の際に「昨年度はどんな夏を過ごしたのかな…」と振り返ることもできます。また、時間がたってから見返したり書き込んだりすることで、知識をアップデートすることも可能です。

研究授業に向けて

▶ねらい

1学期の子どもの様子から授業を構想し、研究授業を考えることで子どもの成長へとつなげる。

▶指導のポイント

研究授業では、校内もしくは個人が立てた研究テーマに沿うことが大切になってきます。しかし、研究テーマを意識しすぎて指導法の提案になっていることがあります。

そういった授業をしてしまうと、子どもたちはついてきません。なぜなら、子どもの実態に即していないことが多いからです。そこで、大切にしたいのが教材研究と児童理解です。

▶子どもの実態把握

1学期が終えて、子どもの様子も見えてきた頃でしょう。まずは、授業づくりに入る前に、子どもの実態を把握しましょう。

例えば、算数や国語など、取り組む教科を決めたとします。そこで、1学期の様子からどの程度既習事項が身に付いているのか。研究テーマに沿ってどのような力が付いてきているのかを考えます。

既習事項については、学習指導要領や解説、指導書を参考にすると、その学年で身に付けるべき力や系統性が見えてきます。

また、研究テーマも様々あるかと思いますが、3年生での学びのゴールをイメージすることは大切です。学年の教師だけでなく、低学年・高学年の教師と一緒に対話しながら、イメージをもてるようにしましょう。

研究授業で大切にしたいこと

01 教材研究①

子どもの実態把握が済めば、教材研究を行っていきます。教材研究は、3つの視点をもとに整理しながら考えていきます（野口芳宏氏の「教材研究理論」より）。

① 素材	
② 身に付けさせたい力	の研究
③ 指導法	

この3つの視点で教材研究を進めていきます。ここでは、国語での教材研究を例に紹介していきます。

素材研究では、教材としてではなく、素材として読み深めていきます。つまり、何を教えるのかではなく、素材の構成や魅力を研究していきます。

国語の物語であれば、登場人物や中心人物、文章構成を分析します。そして、中心人物の変容点を探します。変容には、心情の変化・状況の変化・人間的成長などがあります。

このように、物語から分かることを分析していくと、多くの指導事項が見えてくるのです。

教材研究3つの視点を意識しよう！

教材

素材研究
身に付けさせたい力
指導法

学びの GOAL 子どもの成長

8月

02 教材研究②

素材研究が終わると、身に付けたい力を精査していきます。この身に付けたい力は、教材研究をする前に、子どもの実態から考えたゴールのことです。例えば、

> 3年生だと「場面と場面のつながりを意識して読む力」が求められているので、素材研究で分かった中心人物の変容を手掛かりに読むことができるようにしたい。また、研究テーマに対話とあるが、他者の意見を聞くだけでなく、友達の考えと比較させたい。

というように、子どもにどのような力を身に付けさせたいのかを考えていきます。

最後に、指導法を考えていきます。身に付けさせたい力を「どのように教えていくか」ということです。発問を考えたり、ICT機器を活用して視覚的に働きかけたり、対話をする場面を決めて協働的に考えさせたりするなど、授業の展開を考えていきます。

子どもたちが、何を・どのように学んでいくのかを明確にイメージすることができれば、授業づくりは楽しくなっていくでしょう。

このように、まず子どもの姿を想像し、研究していくことで、目の前にいる子どもたちの成長へとつながっていきます。

4月　5月　6月　7月　**8月**　9月　10月　11月　12月　1月　2月　3月

休暇

▶ねらい

　夏季休業期間の「自己研鑽」の捉え方を広げ、積極的に遊ぶことを通して様々な経験をする。

▶指導のポイント

　夏季休業は、他職にはない超大型連休です。2学期の準備や研修も大事ですが、思いきり遊ぶことも大切です。よく、「20代のうちにやるべきこと」として、「趣味をもつこと」が挙げられます。「仕事が趣味」という人もいるかもしれませんが、自分自身の幅を広げるために、いくつかの趣味をもつとよいでしょう。そこで他職種の方とつながれば、教育界と違う視点を得られて、さらに視野が広がるでしょう。

▶「遊び力」を鍛える

　自分がクラスの子どもなら、「夏休みはずっと勉強や2学期の教材研究をしていました」という教師と、「キャンプをして天の川を見ましたよ（写真を見せる）」「ギターを練習したからこんな曲が弾けるよ（演奏する）」という教師では、どちらに魅力を感じますか？

　教師が遊びの達人であれば、子どもたちも遊びの達人になります。どんどんチャレンジして「遊び力」を鍛え、その姿を見せましょう。

　学生時代にやっていた趣味を復活させたり、新たに挑戦したり、まずは「行動」してみましょう。何もなければ、電車や街中にあるポスターからイベントを見付けて、「実際に行ってみる」「直に触れる」ようにしてみましょう。

　さらに、「ひまわり畑を見に行く」と、「いいカメラで写真を撮りたい！」となり、新たな趣味「写真撮影（写活）」に出会えるかもしれません。また、自分の中で年間行事として決めておけば、趣味を継続させることができるのでおすすめです。

夏季休業期間の過ごし方

01 アウトドア派なら…

　アウトドアレジャーのよさは、何といっても「四季を感じられること」です。そこで、季節に合わせて、自分の中でやりたいことリストを考えておきましょう。大自然の中で、何もしない時間を過ごすことで、頭の中が無意識に整理させ、2学期からの原動力になります。

〈年間アウトドアレジャー例〉
春：花見、観光、キャンプ
夏：海水浴、コテージ泊、ドライブ、音楽フェス、遠方への旅行
秋：紅葉狩り、イベント参加、キャンプ
冬：スキー・スノーボード、温泉

02 インドア派なら…

　「野宿するなんて考えられない」「暑いのは苦手」という方も、ちょっと遠出してみましょう。ショッピングモールでお店を巡ったり、おもちゃコーナーへ行ってみたりすると、今の流行りが分かります。

　外出するのが嫌だなという日は、家で遊べる趣味で過ごしましょう。子どもたちがやっているゲームをやってみれば、「○○がクリアできなくて…、教えてくれない？」などと共有の話題が生まれます。

　また、最近流行りのボードゲームは、ルールはシンプルなのに白熱する工夫をされているものが多いです。学級経営や授業において、ゲーミフィケーションとして活用することができることもあります。

趣味を通じて視野を広げる

「遊び力」を鍛えよう！

ドライブ

ゲーム

ボードゲーム

BBQ

8月

03 家族の時間も節約上手に！

課業中の土日で旅行に行くのは、なかなか難しいものです。家族サービスができず、「いつもごめんね」という気持ちになっている人が少なくないはずです。しかし、夏休み中に有給休暇を使うことができれば、平日も活用することができます。

旅行に行くなら、土日やお盆期間は避けましょう。有給休暇を上手に活用できれば、平日価格で連泊できるのでおすすめです。休日はものすごく混む人気の宿泊施設やテーマパークも、平日ならまだ空いています。8月初旬や盆明けは旅行やちょっと贅沢をして楽しみ、お盆は帰省したり家でゴロゴロしたりして節約すれば、お財布にも優しく、充実した休みを過ごせますよ。

04 友人や家族同士の付き合いを

課業中はなかなか会えない友達とご飯に行ったり、予定を合わせておいて旅行に行ったりと、ゆとりのあるこの時期だからこそできることはたくさんあります。また、「山の日はキャンプに行こう」などと決めておくと、予定を合わせやすいですよ。

家庭を持つ方も、お子様の友達つながりで家族同士の付き合いをもつことができれば、新たな出会いが生まれます。他職種の方とお話をすると、仕事に対する価値観の違いや、こんな子に育ってほしいという親の思いを知るきっかけにもなります。人のつながりは財産です。積極的につながりましょう。

学び場は
すぐそこに

▶ ねらい

　長期休暇を利用して、専門的な知識を取り入れたり、交友関係を広げたりすることで、教師力のアップデートを図る。

▶ 指導のポイント

　夏休みは、各地で研修会や勉強会が数多く開かれています。自分自身が興味のあることはもちろんのこと、授業に関係する内容であれば積極的に吸収する期間にしましょう。下記01から04に、研究会や研修会を主に開催している組織を紹介します。

▶ 1回の飛び込む勇気が人生を大きく変える

　研究会や研修会のイメージと言えば、専門家が集まり、レベルの高いことを話し合っている。自分のレベルとはほど遠いから参加しづらい。そんなイメージをもっていませんか。

　実際は、そのようなことはありません。なぜなら、どの研修会も若い先生と学ぶことを目的としているからです。参加者の半数以上が5年目までの教師なんてこともたくさんあります。

　先入観に捉われず、自分の興味がある研究会や研修会に一度飛び込んでみましょう。そこで、新たな出会いがあり、学校を越えた教員間のつながりができます。最近はオンラインの研修会も多くなってきたこともあり、参加のハードルもグッと下がってきています。

　たくさん参加する必要はありません。まずは1つ参加してみましょう。

研修や研究会の例

01 教育委員会主催の研修会

　多くの教育委員会は年間を通して、教師の授業力形成を主とした研修会を夏休みに企画しています。各校に情報が回ってきているので、その情報から研修を選ぶ方法があります。研修の中身が分からないときは、勤務校の先輩教師に聞いてみるのもよいかもしれません。

02 附属学校が実施している研究会

　国立大学附属学校は夏休みも登校日として、子どもが登校した中で研究会を実施しています。普段の授業日では自習にできない先生も、夏休みであれば気軽に参加することができます。最近では、若手の教員向けの研修会やオンラインの研修会も増えてきています。

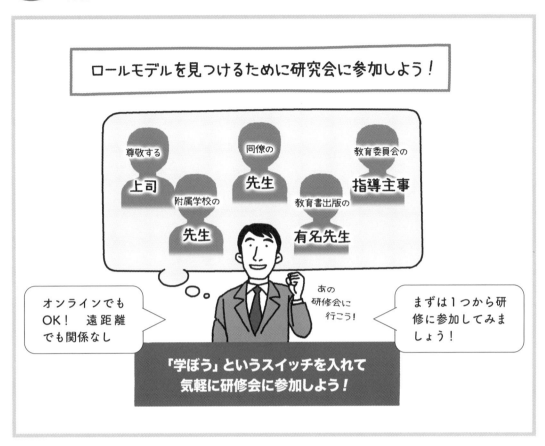

ロールモデルを見つけるために研究会に参加しよう！

尊敬する **上司**
附属学校の **先生**
同僚の **先生**
教育書出版の **有名先生**
教育委員会の **指導主事**

あの研修会に行こう！

オンラインでもOK！ 遠距離でも関係なし

まずは1つから研修に参加してみましょう！

**「学ぼう」というスイッチを入れて
気軽に研修会に参加しよう！**

8月

03 研究グループやサークル

　気軽に参加できるのが、研究サークルなどが主催する研修会です。多くのサークルは現職教員が主体となった組織で、自分のニーズに合った研修会を見付けやすい特徴があります。

04 出版社が実施する研修会

　教育書の出版社の開催も多くあります。お気に入りの本や、新刊が出れば、著者を交えた研修会などが開かれます。本の中身に触れながら、日頃の授業力の向上につながる研修会が数多く実施されています。

まず、1冊だけ読む

▶ ねらい

夏休みは、じっくり教材研究をしたり、教養を深めたりすることができる時間が取れるため、まずは1冊の教育書を読み、自身の教師力を高める。

▶ 指導のポイント

夏休みは時間が多くあります。つい、手を広げてしまいがちです。でも、広げただけで、手元に何も残らなければ意味がありません。そこで、あえて1冊だけを手に取り、その1冊をしっかりと読み込んでみましょう。時間を決めて読むことをおすすめします。毎朝15分間の読書週間をつけると生活リズムが崩れずに夏休みを過ごすことができます。

▶ 他者の授業から学ぶ

教師にとって重要な要素は多くありますが、あえて1つだけ挙げるとするならばそれは授業力です。

では、授業力を高めるためにはどうすればよいのでしょうか。若手の教師にしてもらいたいことは、多くの授業を観にいくことです。では、授業を観察する際にどういった視点で見たらよいのでしょうか。校内研究会や先輩の授業を見学していても何を視点に見ればいいのか分からない人も多いのではないでしょうか。授業観察の視点をもつことができれば、授業力は高まります。

「授業観察力を高めたい」というあなたにおすすめの1冊は、澤井陽介先生が書かれた『授業の見方』（東洋館出版社）です。なぜ、授業観察が必要なのか。具体的な観察方法など、この1冊には授業改善につながる要素が数多く詰まっています。

右記には、8月に読んでおきたいおすすめの本を4冊紹介します。

教育書の活用

01 本を選ぶ基準

どのような本を読めばよいのか。教育書を読むときに一番迷う場面です。同じようなタイトルがたくさん出ているので、選ぶときから迷いが生じます。

最も大切なことは、「切実性」です。あなたが困っていること、知りたいこと、解決したいこと、興味があること。そのことが書かれている本を探してみるとよいでしょう。

見付けることができなければ、周りの先生に聞いてみましょう。自分の主観だけでなく他者がおすすめする本には、必ず理由があるはずです。その話に納得することができれば、その本を読んでみるといいでしょう。

02 アウトプットしよう

教育書の優れているところは本を読んだ後に、実践に生かすことができるところです。本を読むことはインプット、学んだ知識を活用することがアウトプットに当たります。この両方を行うことが重要です。アウトプットの仕方は様々です。

■子どもにアウトプット
→学んだことを授業や学級経営に生かしてみる。
■周りの教員にアウトプット
→学んだことを周りの教員に伝える。
■自分自身にアウトプット
→学んだことを自分なりに再度まとめる。
アウトプットすることでより学びが深まります。

８月に読んでおきたい「教育書」

「授業観察の視点」を学びたい方におすすめの１冊
『授業の見方』澤井陽介［著］（東洋館出版社）

「指導と評価の一体化」について学びたい方におすすめの１冊
『学習評価』田村学［著］（東洋館出版社）

「教師の力量（授業力）」を高めたい方におすすめの１冊
『教師の学び方』澤井陽介［著］（東洋館出版社）

「パフォーマンス課題」について学びたい方におすすめの１冊
『Ｑ＆Ａでよく分かる！　見方・考え方を育てるパフォーマンス評価』西岡加名恵・石井英真［編著］（明治図書出版）

2学期の始業式準備

▸ねらい

2学期の始業式でできることは限られているため、夏休みで行う準備については優先順位を付ける。

▸指導のポイント

始業式はリスタートの日です。久しぶりの再会を楽しむ余裕を生み出すために、夏休み中にできることをやります。必要なこと、あったらいいけどなくてもいいなど、自分で項目を決めてTODOリストをつくることをおすすめします。

ToDoリストをつくろう

今日は
この3つを
やるぞ！

始業式前にやるべきこと

01 1学期にやり残したことを確認する

書類整理や校務分掌などにも目を向け、1学期にやり残したことがないかを確認しましょう。自分1人で確認するには限界があります。長期休みは他の教師にも時間のゆとりがあるので、一緒にやることをおすすめします。

また、その時間の何気ない会話の中に、教育につながるヒントがあるかもしれません。

02 教室の環境を整える

子どもたちと毎日一緒に過ごしているときは掃除もしているので、そこまで床が気になることはないかもしれません。しかし、物を動かさなくても、使わなくても埃は出ます。

そんな埃をほっておくと、どんどんたまるのと同時に、学習環境として整っているとは言えません。子どもたちが来る前に、ほうきで掃除をすることをおすすめします。また、普段行き届かない窓やサッシなどにも注目して環境を整えておくと心もスッキリ新学期を迎えられます。

2学期のスタート：安全に過ごせるか確認しよう！

普段、目が届かない
部分もきれいにして
おくとよい。

8月

03 配布物を確認する

2学期に使う教材と初日に配る手紙は、前日に必ず
確認をしましょう。

初日は時間に追われることが予想されます。

配布物を必要最低限にすることで、子どもたちとの
有意義な時間を増やすことができます。

初日に教科書も一度持ち帰って、確認をします。教
科書は前日に教室に運び、机の上に並べておくと時間
短縮になります。

掃除当番表や給食当番表など、学期ごとにリセット
すると気分も変わります。

04 行事の下見をする

大きな行事のある2学期は、下見に行くことも多い
と思います。

■しっかり確認してくるためのポイント
1．トイレの個室数
2．交通費
3．入園料
4．雨天時のお弁当の場所
5．同日の他の団体の人数

前年度のしおりをもっていき、確認をしましょう。
また、下見の写真を掲示しておくことで、行事への見
通しをもつことができます。

子どもたちと見通しを共有し、目標を設定する

▶ 9月の目標

　9月（自治体によっては8月後半）からの目標は、「2学期の見通しを子どもたちと共有する」ということです。2学期は大きな学校行事が予定されることがほとんどです。運動会、秋の遠足、学習発表会や作品展など…。それらに主体的に取り組ませるためにも、子どもたちと2学期の見通しを共有しておきましょう。

9月の学級経営を充実させるために

「行事を子どもたちと共有する」とは、どういったことでしょうか。
まず、ステップ1として

....

（行事予定を）知らせる

....

　が挙げられます。9月には運動会、10月には秋の遠足、11月には学習発表会など…。
　そもそも、それ自体が実施されるということを子どもたちと情報共有することから「見通し」はスタートします。
　ただ、情報を共有するだけでは、十分な見通しをもっているとは言えません。
　次のことまで踏み込んで、子どもたちと共有しましょう。

....

そのときに、どんなことを頑張りたいか

....

　つまり、そのときの目標を共有するのです。
　目標を考えることは未来の自分を考えること。未来の自分を考えると、「なりたい自分」について考えることができるのです。

注意事項

　子どもたちの目標設定は、子どもたちと教師の双方で決めていきましょう。教師だけでは押し付けになりますし、子どもたちだけでは教師の願いを込めることができません。学級の文化は教師と子どもたち双方でつくることを忘れないでください。

未来の自分たちを想像しよう！

▶ねらい

　2学期の学校行事を中心に子どもたちと共有し、それぞれの行事でどんなことを大切にしたいのかを未来思考で捉え、2学期に頑張りたいことを考え、目標をもつようにする。

▶活動例

1．2学期の行事予定を子どもたちと共有する

　主な学校行事（運動会、秋の遠足、学習発表会など）の情報を子どもたちと共有する。できれば、日程も含めて子どもたちに提示するようにする。黒板に書いたりスライドに映したり可視化するようにするとなおよい。

2．それぞれの学校行事でどんなことを大切にしたいかを共有する

　「それぞれでどんなことを大切にしたいですか？」と問い、子どもたちと考える。できれば「頭の中で、その日にタイムスリップして考えてみましょう」と未来思考で考えられるようにする。

3．まず、2学期に頑張りたいことを設定する

　未来思考で考えたのちは、「今」の位置から考えるようにする。「そうした未来を実現するために、まず、2学期に頑張りたいことは何ですか？」と聞き、目の前の行動目標を設定できるようにする。

▶活動後のポイント

　子どもたちと共有した「それぞれの行事で大切にしたいこと」を写真などで記録しておき、掲示するようにします。すると、いつでも、始業式で考えた見通しを意識することができるようになります。

4月　5月　6月　7月　8月　**9月**　10月　11月　12月　1月　2月　3月

2学期始業式

▶ねらい

2学期の始業式では、1学期にできていたことを全員で確認し、さらにレベルアップを目指し、リスタートを図る。

▶指導のポイント

「1学期に積み上げてきたことを思い出す1日にしよう」と投げかけ、できていたことを出し合います。思い出すことが難しいときは、教師が短冊でよかったところを紹介するとよいでしょう。2学期は夏休み明けなので、友達との会話が多くなったり、姿勢が保てなかったりします。全てを今まで通りやらせるという意識ではなく、できていることをしっかり褒め、「よく来たね！」と伝えましょう。

▶夏休みの思い出を語る時間にする

「夏休みビンゴを自分でつくり、みんなで発表しながらビンゴカードを埋めていきます。たくさんビンゴになるといいですね」というルールで思い出や出来事、そのときの気持ちを語れるようにします。昔とは違い、夏休みに子ども全員が旅行に出かけるような時代ではありません。そのことにも配慮しながら、自分の夏休みを振り返る時間にします。

始業式のアイデア

01 夏休み明けの登校を褒める

大人でも、長期休みの後は何だか仕事が憂鬱だなと感じることがあります。

子どもも同じように、登校することが大仕事になっていることもあります。

暑くて、しんどい中頑張ってきたことを褒めて、学校はみんなと過ごす楽しい場所だということを思い出す必要があります。

子どもを笑顔で迎えるためには、教師も笑顔でいるようにしましょう。

■登校を褒めた後は…

今から頑張ることを確認しましょう。

① 2学期の行事の確認
② 今だからこそできること
③ 仲間と2学期やりたいこと

1番長い学期を乗り越えるためのチームワークを鍛えましょう。
・学校行事を乗り越えるための集団力。
・難しいことでも、皆でやってみるという挑戦力。
・仲間と協力するための対話力。
このような力は、クラスがまとまっていくために必要なものです。

手紙の渡し方リレー

ぞうきん早送り大会

⎿⎞⎞ チームワークを鍛える

① 手紙の渡し方リレー

　手紙を配布する。横でも縦でも OK。

　手紙をどんどんまわして速く着いたほうが勝ちとなります。

　そのときの約束事は「はい、どうぞ！」「ありがとう」のやり取りをすることです。

② ぞうきん早送り大会

　新学期に集めるぞうきんを、はしを合わせてきれいに積み重ね、どんどん前に送っていき先頭に速く着いたほうが勝ちとなります。

　このとき、丁寧に積み上げているかがポイントになります。

　始業式にやらなければならないこともゲーム形式にすれば、素早く、丁寧に終えることができます。

　こちらの一工夫で日常も楽しくなるわけです。毎日する必要はないですが、長期休み明けには、楽しみながら取り組めることも重視していくと、互いに気持ちよく過ごせます。

〜これら以外に初日にやること〜

　1．教科書の配布

　2．個人写真や集合写真の撮影

　3．引き出しなどの整理整頓

※ものを整えたり、環境を整えたり、成長を可視化しておくことが2学期の毎日の生活に直結します。

運動会に向けて

▶ねらい

運動会をゴールとして考え、みんなで力を合わせていこうとする仲間意識を高める。

▶指導のポイント

3年生では、低学年の頃の経験を生かして、見通しをもって運動会に望めるようにしてあげましょう。運動会の流れが分かっているからこそ、練習や本番で自分たちが頑張れることをイメージできます。

また、1つの目標に向かって力を合わせることで仲間意識を高めることができます。目標を掲げ、達成感を味わわせることで、よりよい集団づくりへとつなげていきましょう。

▶運動会はお互いを高め合うチャンス

運動会を通して、子どもたちは大きく成長します。その理由の1つに、「見られる」ということが挙げられます。

「他学年に見られる・お家の人に見られる」のように、運動会ではたくさんの人に頑張りを見てもらえます。

特に3年生は、低学年にとって一番身近なお手本となります。このことを子どもたちに意識させることで、中学年としての自覚が生まれるでしょう。ぜひ、中学年としてかっこいい姿を見てもらいたいものです。

そのために、友達との協力が必要になってきます。自分だけが上手くできても、集団で行動する競技や演技では、よく見えません。お互いに声をかけながら、高め合える関係づくりを目指すことが大切です。

運動会に向けてやるべきこと

01 学級目標を考え直す 〜運動会編〜

4月に考えた学級目標を運動会バージョンに考え直します。例えば、「仲のよい」を「励まし合える」、「メリハリのある」を「集合をはやく」など、運動会に向けて具体的にイメージできるようにしてあげましょう。

02 個々の目標を掲げる

運動会に向けて個人目標を書かせます。競技や演技で頑張りたいこと、友達のために頑張りたいことを考え、1枚の模造紙に貼っていきます。模造紙の真ん中に学級で決めた目標を書くことで、「みんなで頑張る」という意識を高めることができます。

運動会を通じて中学年としての自覚を促す！

力を合わせてー

大丈夫！

そのままー！

せ～の!!

目標を掲げ、見直し、そして成長していく！

03 目標を見直す

目標を立てたけれども、実際に練習が始まると、より細かい課題が見えてきます。そこで、目標の見直しが必要になってきます。書き直しには、時間がかかるので付箋を活用するとよいでしょう。付箋を前回考えた目標に貼らせると、頑張りが見えてきます。

04 週目標を活用する

集団意識を育むために、子どもたちに週目標を考えさせます。教室にポストを用意し、子どもたちが自由に投稿できるようにします。すると、子どもたちは自分の学級に目を向け、よりよくしていこうという意識が芽生えてきます。

4月 5月 6月 7月 8月 **9月** 10月 11月 12月 1月 2月 3月

運動会①

▶ ねらい

運動会に取り組む姿を継続的に発信することで、継続して取り組むことの大切さや行事のよさを子どもや保護者に実感してもらう。

▶ 指導のポイント

運動会では、何か新しいことを挑戦しなければならないと感じている若い先生が多いように感じます。普段の学習で取り組んでいることを運動会という場で発揮することができればよいのです。例えば3年生では、走る競技において、リレーを実施する学校が多いです。その理由としては、体育（走・跳の運動）の学習の例示でリレーが示されているからです。特別なことをするのではなく、普段の延長という意識をもちましょう。

▶ 変化を見逃さない

運動会の時期は特別時間割が組まれ、体育の時間が多くなることがあります。多くの学校が1か月程度で本番を迎えることになります。

たった4週間であっても子どもたちは大きく変化します。その変化を見逃さないようにしなければなりません。では、どこに変化が生まれるのでしょうか。

最も分かりやすいのは、技能面での変化です。練習を重ねるごとに子どもたちの技能は高まります。その技能の高まりを子どもたちに自覚させてあげましょう。

方法は簡単です。写真や動画を撮ってよい動きを褒めてあげましょう。動きを褒めるということは、その子の行為を褒めることにつながります。

子どもたちは行為を褒めてもらうと、その行為をさらに続けようとします。また、撮った写真は学級通信などで保護者にも発信すると、本番までの成長過程がより伝わってよい効果が生まれます。

運動会で大切なこと

01 目的を語る

運動会で一番頭を悩ませるのは、表現運動です。その学校の伝統的な取組や、前後の学年との関係で内容が左右されることもあります。加えて、保護者からの期待や昨年度との比較をされる不安もあります。

そこで、表現練習の初日に子どもたちにどのような表現やダンスをするのかというゴールイメージを示すとともに、運動会の目的を語りましょう。大切なのは、今目の前にいる子どもたちが自分たちらしく取り組むことです。決して他と比べることなく、自分たちの目標を達成できるように語りましょう。また、保護者にも学年通信等を通じて、取り組む目的や内容を伝えておきましょう。

02 8カウントの重要性

ダンスが苦手な子どもは必ずいます。その理由の1つに、音楽と身体のリズム感覚がズレていることが考えられます。そういった子たちに有効な方法は、メロディーや歌詞を覚えさせることです。メロディーを理解することで自然と拍を把握することができます。小学校3年生で実施するダンスは8カウントを基本とした動きが多いことが特徴です。

歌詞やメロディーを覚えることができたら、8カウントごとのフレーズに分けて覚えさせていきます。そうすることで、ダンスをまとまりとして捉えながらも、つなげて覚えることができるようになります。

03 休み時間はスイッチオン

運動会の時期における休み時間は、授業時間以上に大切です。教師がすることは、2つだけ。

> ① 音楽をかける。
> ② 取り組んでいる子どもを褒める。

子どもの中には、音楽がかかるだけで反射的に踊り出す子が必ずいます。技能面ではなく、取り組んでいるその子の姿勢を教師が目一杯褒めてあげましょう。

すると子どもたちは、音楽がかかるだけで自然と踊り出します。授業時間では指導しきれなかったことも、休み時間を活用して子どもたちが自然に学んでいきます。踊っている子どもたちは様々です。

単純に楽しくて踊る子、できる自分を見てもらいたい子、上手になりたくて挑戦する子、友達に教えてあげる子などです。

その全てが素敵な行為なのですが、その中で友達に教えてあげている子を認める機会を増やしましょう。友達に教えるということは自分がうまくなりつつ、相手もうまくできる素晴らしい行為だということを子どもたちが理解すれば、次々に教え合いが生まれてきます。そうして、自分たちでつくり上げる運動会ができあがっていきます。

運動会②（校務分掌）

▶ ねらい

運動会の校務分掌で、学級を空けることがある場合でも、事前事後の指導をしておくことで、自治的に行動させる。

▶ 指導のポイント

運動会の本番、子どもたちと各競技を見たり、出番に合わせて並びに行ったりと、児童席で児童看護をしているだけではありません。子どもたちを置いて、各委員会の指導や校務分掌の役回りで動く場合もあります。

当日、子どもたちが指示なしでも動けるようにするためには、事前指導が欠かせません。事前指導では、趣意説明とキーワードが大事です。以下の指導例を参考にしてみてください。

▶ 校務分掌を通して

運動会は、1年間の中でも大きな行事の1つです。教職員と子どもたちだけでなく、保護者や地域との連携も欠かせません。また、事前準備や前日準備、当日準備や片付けと、校務分掌と関連した役割があります。

まずは、自分の担当する仕事を確認しておきましょう。それに加えて、学年内で自分たちの担当と当日の動きを確認しておきます。当日に質問する時間はありませんので、分からないことは事前に質問しておきましょう。

また、教職員間の連携を高めるという視点をもつと、関わり方が変わってきます。自分の担当以外に、どんな仕事があるのか、どんな準備・行動をしているのかを見ておくことで、他の教職員の方々との会話も弾み、今後の関係づくりにも活かされます。

事前・事後の指導

01 事前指導が9割

事前指導は、学校全体で行う開閉会式の練習が始まる前に一度しておくとよいでしょう。

① 趣意説明

「運動会当日、先生は放送席にいます。競技の曲を流したり、マイクで喋る人のお手伝いをしたりするので、君たちの席にはいません。だから、自分たちで考えて行動しないといけません」と、当日は教師がいないことを伝えておきましょう。教師がいる場合でも、紅白に分かれているため、同様の説明をしておきましょう。

② 行動のルール説明

・1人では行動しない
・何でもすぐに先生に聞かない（まず友達に相談）

そのほかにも、お茶を飲む時間、入場門に並びに行く時間など、事前に指導しておきましょう。

また、座席の横一列で1つの班にするなど、グループをつくっておくことで、困ったときに相談しやすくしておきます。

③ 分かりやすいキーワード

「並ぶのは？」→『1つ前』
「準備するのは？」→『2つ前』
「困ったら？」→『班長が〇〇先生（児童看護担当）に聞く！』

と、行動を言葉にして分かりやすくしておくことで、当日に迷うことが減ります。

子どもたちが指示なしでも動けるように！

次の交代の時間で並びに行くから準備しておいてね！

出番の2個前の交代だから

今のうちに（演技で使う）うちわを出しておこうよ！

事前指導で言ったことをしっかりやってるな…

02 事後指導で、今後の行事につなげる

当日の振り返りは、作文を書かせるだけではなく、班ごとによかったところと次に活かせるところを話し合います。つい、ダメなところばかり指摘しがちですが、「うまくできたところ」を発表させましょう。

「キーワードをちゃんと覚えていた」

「班長が、みんなに声をかけてくれたよ」

「いくつ前かを意識していたから、時間に余裕があった。心の準備もできたよ」

前向きな振り返りをすることで行動を強化し、次の行事でも同じ行動が取れるようにすることがねらいです。

改善点はみんなの反省として、「次はこういうことをしたらもっとレベルアップしそうだね」という程度で押さえておきます。

当日のことを作文として記録しておくと、3学期の国語科で設定されていることの多い「思い出ブックづくり」などに生かせます。忘れずに書かせましょう。

ついつい出来事だけをつらつらとなぞっただけの記録文に終わりがちな感想文。書かせる前に、次の3点を守るよう事前に指導しておきましょう。

① 一番心に残っている場面だけ切り取る

② 五感で感じたことを書く

③ 会話文を3つ以上入れる

この3つのポイントを守れば、一段と臨場感あふれる感想文になります。書くのが苦手な子どもには、双括型の3段落構成で枠を決めてあげれば、書きやすくなります。

4月　5月　6月　7月　8月　**9月**　10月　11月　12月　1月　2月　3月

運動会③

▶ねらい

子どもが自分たちの力でやり切ったと思える運動会にする。

▶指導のポイント

運動会では、よく子どもも大人も何の種目をするのか、どんな演技をするのかに興味をもちます。しかし、指導者としては種目や演技内容に加えて、その過程も大切にしたいものです。「一方的に教えて終わり」ではなく、子どもたち自身が工夫する余地を与えてあげることが大切です。自分が工夫したことで、褒められれば自信につながります。そんな運動会を目指してみては、どうでしょうか。

▶競技・演技ごとに工夫する余地

運動会では、競技や演技で誰と工夫するのかが変わります。例えば、下のように考えます。

個人走：自分の工夫	
団体競技：同じ仲間（組別など）との工夫	
団体演技：学年全員との工夫	

つまり、運動会では自分はもちろんのこと、同じ仲間や学年集団という大きな枠組みで力を合わせて臨むことができます。

この機会を子どもたちが教えてもらったことだけに全力を注ぐのはもったいないと思いませんか。そこで、大切にしたいことは、子ども自身が試行錯誤できる余地です。例えば、団体演技を子どもたちに考えさせるなどが挙げられます。

教師だけでなく、子どもたちも考え、「自分たちで取り組んだ運動会である」という自信につなげてあげましょう。

運動会を考える

01 個人走を考える

中学年ではトラックの半周、または一周を走ることがよくあります。工夫させたいポイントは、カーブの走り方です。外側の手を大きく振ったり、体の角度を変えたりする工夫がありますが、子どもがICT端末を使って、走り方の研究時間を取るのもよいでしょう。

02 団体競技を考える

綱引き・棒引き・台風の目など様々な種目があります。どの種目においても、必ず作戦タイムを設けてあげましょう。相手チームにばれないように考える環境をつくれば、子どもたちは真剣に議論し始めるはずです。

教師は 運動会当日までの過程を大切に

入場門

「自分たちで取り組んだ 運動会」という自信につなげる

03 団体演技を考える①

振り付けの一部分を子どもたちに考えさせてみましょう。同じ拍の中で、様々なグループが一斉に違う動きをすると、迫力があります。考えさせる部分としては、サビ以外にするとよいでしょう。サビは、全員が揃う振り付けを考えると迫力が出ます。

04 団体演技を考える②

入場を考えさせます。考える際は、言葉を考えさせるといいでしょう。入場の際に、子どもたちが意気込みを語れば、1つの見せ場となります。自分たちの思いを言葉にのせ、演技に入ると顔つきががらりと変わります。

キャリア・パスポート①

▶ねらい

2学期についても目標を考えるところからスタートするとともに、新たな目標を考えるだけでなく1学期の目標を見直していく。

▶指導のポイント

2学期を大きく成長する学期と捉え、学校行事を通してなりたい自分を具体的にイメージしていけるようにします。

▶なりたい自分を考える

2学期も初日にゴールを明確にすることが大切です。キャリア・パスポートでなりたい自分を改めて考え、自分自身の努力や継続を感じられるようにしましょう。

1学期にもらった保護者のコメントも励みにしていくことができます。

本時の展開

01 キャリア・パスポートとは

キャリア・パスポートの扱い方は学校によって異なります。せっかくやるなら価値のあるものにしていきたいと誰もが思うでしょう。

学習面、生活面など分けて書いていますが、一番大切なのは目標を達成するために何をするのかということです。

また、自分のいいところをたくさん知っていると自分の強みも分かります。仲間の力を借りて、自分のいいところに磨きがかかると素敵です。

■仲間のいいところ見付け
1. くじ引きでいいところを見付ける相手を決める。
2. その人のことを1週間、ばれないように観察する。
3. いいところカードに記入をして提出。
4. 提出されたいいところカードを本人に渡す。
5. 互いが正体を明かしてもいいよと同意した場合は正体を知らせる。

バレずに探すためにはよく見ることが大切ですが、さりげなく目で追うことを伝えて、自然な活動にしましょう。そうすることで、日常でもさりげなく仲間のことを意識する子どもが増えていきます。

3年生 新しい学期がはじまりました	名前

「どんな自分になりたい」

◎なりたい自分をそうぞうしながら、今の自分について考えよう。

自分のよいところ・とくいなこと

すきなこと・今むちゅうになっていること

しょうらいのゆめ・どんな人になりたいですか？

◎なりたい自分に近づくために目ひょうとそのために自分がすることを考えよう。

学習面	そのために自分のすること

生活面	そのために自分のすること

家てい	そのために自分のすること

◎みんな（クラス）のために自分のできること

9
月

141

「2年生に近い3年生／4年生に近い3年生」を考える

▶ 10月の目標

10月は年度の後半のスタートであり、1年のうちの大きな節目に当たります。自治体によっては、2学期制（前期後期制）を取り入れており、通知表が手渡されることもあるのではないでしょうか。10月を迎えたと同時に、半分を超えたという節目をしっかり子どもたちとつくりあげるようにしましょう。

10月の学級経営を充実させるために

「竹が強風に吹かれてもなかなか折れないのは節目があるからだ」

この言葉は、多くの著名人が引用して語っています。小学校にも、様々な節目があります。入学式・卒業式、年度の変わり目、学期の変わり目などなど…。そのたびに「式」といった形で、行事予定としては「節目づくり」が設定されています。

とはいえ、子どもたちにとっては、日常のことであり、意識をしなければ「やった！夏休みだ」「○年生おわった〜」くらいしか捉えることができません。

特に、3学期制を採用している学校は、1年の半分を迎えても、何も行事もなく、そのまま過ぎ去っていくこともしばしば。

節目はしっかり教師がつくってやる

そんな意識が大切なのです。

子どもたちと、節目についての話をしっかりと行い、確かな節目をつくるようにしましょう。

注意事項

「節目づくり」とは何をすることでしょうか。それは、振り返りをしっかりと行うことです。先生の振り返りはもちろん、子どもたち自身にも振り返る機会をしっかりととってやるようにしましょう。振り返りを積み重ねることが、主体的に学ぶ姿勢を育むことにつながります。

２年生に近い３年生／４年生に近い３年生

▶ねらい

「２年生に近い３年生／４年生に近い３年生」という言葉を知り、それらの違いを考えることを通してこれまでの自分を振り返り、後期のなりたい自分を考え目標を設定することができる。

▶活動例 (深澤久氏の実践参照)

子どもたちに「前期・後期」への意識を高めるために「２年生に近い３年生／４年生に近い３年生」という話を行います。話し方は以下を参考にしてみてください。

１．今日から10月になりました。ある大きなことが変化しましたが、何か分かりますか？
　　子どもたちの意見を聞く。おそらく、今回の話の核心に触れることは出ないだろう

２．「ヒントです」と言って、下の板書例の下線部を隠して提示する。子どもたちの意見を聞きながら、少しずつ提示していくとよい。

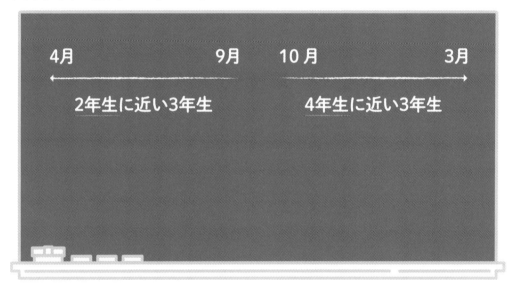

３．「９月までは２年生に近い３年生でした。しかし、10月からは４年生に近い３年生なのです」と言ったのちに「いったいどういうことだろう？」と切り込みます。子どもたちからは、これまでの３年生よりレベルアップした３年生、といった意見が出るだろう。

４．「４年生に近い３年生」として頑張りたいことはどんなことですか？
　　子どもたちに聞き、ワークシートやICT端末に記入させる。

▶活動後のポイント

「４年生に近い３年生」という言葉を提示したのちは、日常の中でも活用していきましょう。「さすが４年生に近い３年生だね！」「今の行動は４年生に近い３年生と言えるかな？」など、褒める場面でも叱る場面でも活用することができます。

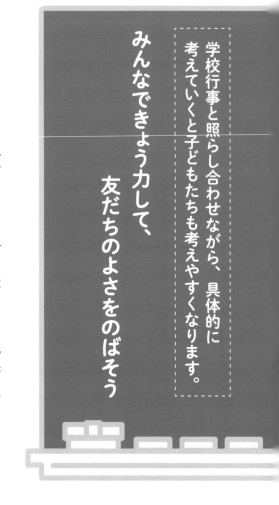

10 OCTOBER

4月　5月　6月　7月　8月　9月　**10月**　11月　12月　1月　2月　3月

学級会②

みんなできょう力して、
友だちのよさをのばそう

学校行事と照らし合わせながら、具体的に
考えていくと子どもたちも考えやすくなります。

▶ねらい

今の自分と今の学級とを振り返り、3年生の後半をどう過ごしていくのか見通しをもつ。

▶指導のポイント

3年生の後半は、教師の見えないところで悩みを抱える子どもが出てきます。そんな時期だからこそ、仲間意識を強め、共に助け合える人間関係を築いてあげたいものです。

3年生後半という言葉を聞くだけで、子どもたちは気持ちが切り替わります。この節目を生かして、今ある学級の課題や個人の課題を見つめ直し、見通しをもって生活できるようにしてあげましょう。

学級会の展開

01 4年生に向けての準備期間

10月は、友達関係や学習に悩みを抱える子が出てくることがあります。なぜなら、他者と自分を比べたり、他者の発言に影響したりするからです。これは、他者を意識する3年生として成長の1つだと言えます。

この心の変化を課題と捉えるのではなく、成長と捉え、学級の仲間たちと共に高め合う環境にしてあげることが大切です。そのために、4年生に向けて自分たちができることを話し合い、共通の目的をもった集団にしてあげましょう。

02 どんな4年生になりたいか

4年生に向けて話合いを進めていく中で必要なことは、4年生に対するイメージを共有することです。学級として目指すべきゴールが違えば、話合いもまとまりません。まずは、4年生とはどんな学年かを考えさせてあげましょう。そして、自分たちはどんな4年生になりたいのかを考えていきます。きっと発言の中で、個々の考え方に違いが見えてきます。そのときは、ゴールに向かって個人で進むべき道は、それぞれの道があって構わないことを伝えてあげましょう。同じ山を登っても、登り方は違っていいのです。

三年生ものこり半分。どうすごしていきたいか、みんなで話し合おう。

◆ 十月からの三年生は、四年生に向けての三年生

◆ 四年生のイメージ
下の子にやさしい。　自信がある。　クラブがはじまる。
べんきょうができる。

◆ どんな四年生になりたい？
・今よりも、下の学年に頼られる四年生
・べんきょうができる四年生
・学校や家で、すごいと思われる四年生

◆ 今できること
　　自分ができること　　　　友だちのためにできること

・わからないことは聞く　→　・わからないことを一緒に
　　　　　　　　　　　　　　　考える。
・発表をがんばる。　　　→　・聞く空気をつくる。
・十一月にある学習　　　→　・みんなで力を合わせて
　発表会をがんばる。　　　　　学習発表会をよくする。

03 自分たちに今できること

　目標である4年生の姿を描くことができれば、次に自分たちは目標に向かって、今何ができるのかを考えます。ここで子どもたちに伝えたいことは、「友達と協力し、友達を大切にする」ということです。

　例えば人前で堂々と喋れる4年生に向けて、「日頃の授業でみんなの前で発表する」という意見が出たとします。意見に対して、「発表する子に協力することはできない？」と聞いてみましょう。すると、「聞く雰囲気をつくる！」のように、みんなで目標に向かって頑張る雰囲気をつくることができます。

04 話し合ったことは残す

　話し合った内容は、教室の後ろに掲示するなどして残しましょう。話し合って終わりにならないために、日々の生活の中で使えるようにすることが大切です。

　掲示することで、できていないことの指導もできますが、できていることを褒めてあげることもできます。話し合ったことが生かされたと思えるようにすることが大切です。

　子どもたちの話合いを形にしてあげることが教師の役割なのです。

協働学習を取り入れる②

▶ねらい

協働的に活動するよさを味わうとともに、自分に任された役割に責任をもって取り組もうとする態度を育む。

▶指導のポイント

学校生活では、ペア活動や班活動が日常的に行われています。友達と協力しながら取り組む活動のよさとして、1人ではできないことも他者と協力することで、よりよい学びになるということが挙げられます。

この共に学ぶ・共に活動するよさを子どもたちに実感してもらうために、役割分担を意識させてみましょう。

▶作業的な役割と目に見えない役割

誰かと協働的に活動することは、大人になっても行われていることです。例えば、会議があったとします。会議では、提案者の他に司会・記録などの作業的な役割があります。司会がいるからこそ、円滑に会議が進み、記録がいるからこそ必要なときに振り返ることができます。

では、他に役割はないのでしょうか。出席者の中には、発言する人もいるでしょう。また、発言の中には、批判的な意見をズバリ言う人もいれば、状況を見て少しフォローを入れながら意見する人もいるはずです。どちらの発言者もよりよい会議にしていくには必要な役割であると言えます。この明確には決められていない役割も、よいものを創り上げていくためには大切な存在なのです。

つまり、作業的な役割に当たっていなくても、協働的に学ぶ過程には誰しもが大切な役割を担っているのです。

役割を意識した協働学習

01 お互いのために

みんなで話し合うことだけが協働学習のよさではありません。お互いのためになっているのかを意識することが大切です。そのために、話す側も聞く側もお互いにプラスになっているのかを子どもたちにも意識させることが大切です。

02 作業的な役割

調べたことを発表する活動を例に考えると、次のような役割が考えられます。
・司会　　・記録（ICT端末だと共有しやすい）
・タイムキーパー　　・発表

03 目に見えない役割

　下のような目に見えない役割を意識させてみましょう。すると、活動の雰囲気や話合いの内容がよりよいものになってきます。
・相槌をしながら聞く。　・疑問を問い返す。
・批判的な意見の後に肯定的な意見を言う。

04 協働学習を取り入れる

　協働学習を係活動や教科学習で取り入れてみましょう。例えば、以下が考えられます。
・各係での話合いの時間
・国語科の言語活動で発表する時間
・社会科で調べたことを新聞にまとめる時間

会社活動②

▶ねらい

会社活動をマンネリ化させないために、コンサルタントとしてアイデアを引き出し、それぞれの意見を尊重して会社を盛り上げていく。

▶指導のポイント

子どもたちの会社がうまくいかないとき、コンサルタントである教師は何をすればいいのでしょうか。あらゆる手を使って、盛り上げていく必要があります。

まずは、子どもたちにアイデアを募りましょう。ブレストすると、面白い意見がポンポン出てきます。そして、そこから実際に使えるエッセンスを見付け出し、アドバイスします。会社の発展例を参考にしてみてください。

▶アイデアはブレストで

「何かいいアイデアはありませんか？」と聞いても、答えてくれる人はわずかです。これは無視しているのではなく、自信がないからです。そこで、アイデアはブレインストーミングという方法で集めましょう。

アレックス・F・オズボーンによって考案されたこの方法は、「その場で批判や決断をしない」「奇抜な考え方やユニークで斬新な考えを大切にする」「質より量を重視する」「アイデアをくっ付けたり変化させたりして新たなアイデアをつくる」といった4つの原則があります。

子どもたちに「みんなテレビとかYouTubeとか見ているから詳しいよね！」と言ってアイデアを募ると、「もっと宣伝したほうがいい」「スタンプカードをつくる」「YouTuberみたいにコラボする」などの意見から、「有名人を呼べばいい」といった現実離れした意見までいろいろ出てきます。一旦全てを面白がり、受け入れましょう。ブレストが終わってから、そのアイデアをどのように活かすか考えていきます。

会社活動の発展例

01 会社同士でコラボ企画を考える

自分たちの会社に限界を感じてきたら、他の会社と協力することで、何か新しいワクワクしたものが生み出せないか、考えさせてみましょう。

例えば、「お誕生日」×「音楽」でお誕生日会中に誕生日の歌をピアノで弾いてもらったり、「クイズ」×「お笑い」でクイズを出しつつも隣で答えを予想し合う漫才をしたりと、面白い組み合わせがたくさん出てきます。考えが煮詰まっているようなら、コンサルタントとして社長同士をつなげ、「こういうのはどうかな？」とアイデアを投げます。

アイデアに、教師も子どもも関係ありません。いろいろな可能性を探ってあげましょう。

02 学年中に宣伝しよう

ダンスライブや音楽発表会などは、クラス内だと参加者の限界がすぐに来てしまいます。それなりのクオリティで発表できるようになってきたのであれば、他のクラスの子どもたちにも声をかけて、見にきてもらいましょう。宣伝用のポスターをつくって廊下に貼ったり、休み時間に他クラスへ宣伝に行かせたりすると、一気に盛り上がります。チラシをつくって配ったり、ファンクラブやくじ引き制の優先席をつくったりすれば、参加側も盛り上がります。

当然、たくさん見に来るようになれば、それに応えようと質を高める努力をし始めますよ。もちろん、教師同士の連絡は事前にしておくのを忘れずに。

会社活動のアイディア：**ダンスライブ**（盛り上がる工夫をする）

03 他クラスの会社と コラボしよう

　他クラスとの交流が盛んであれば、会社同士でコラボをしてもよいでしょう。まずは、「みんな遊び」を一緒に行って、クラス合同で遊ぶのがおすすめです。実施後に、「事前に打ち合わせしておけば、他のクラスの会社とコラボしていいよ」と伝えれば、「私の会社は、どこかとコラボできないかな」と考え始めます。

　また、自分たちのクラスにはない会社とコラボすることで、次の会社決めのときの参考になります。

　さらに、5年生などの兄弟学年の学級と交流を深めておけば、一緒にみんな遊びをしたり、お楽しみ会を合同で行ったりと、可能性が広がります。

04 学校中に宣伝しよう

　念入りに準備をしておくことを前提に、より幅を広げてお客さんを呼んでもよいでしょう。おすすめは、「校長先生」です。事前に声をかけておき、子どもたちに直接宣伝に行かせましょう。他にも来てくれそうな先生方に声をかけておけば、「私たちのライブに先生たちが来てくれた！」と大盛り上がりです。

　また、兄弟学年の学級に声をかけたり、低学年の子どもたちを呼んだりすれば、教室は満員御礼。学校中の評判になります。

　すると、他のクラスでも同じようなムーブメントが起こるかもしれません。学級だけでなく、学校全体を巻き込むようになると、子どもたちの意欲は爆上がり間違いなしです。

授業参観②

▶ ねらい

3年生から始まった教科や普段の参観では実施していない授業を見てもらい、保護者に対して子ども理解や学校理解をしてもらう。

▶ 指導のポイント

ここでは、3年生になってから始まった教科等を授業参観として実施することで、子どもたちの新たな一面を知ってもらうようにしましょう。

実施する教科の特性を生かし、子どもが意欲的に学ぶ姿を見せられるようにしましょう。

▶ 話すことより聴くことを大切にしよう

学習参観では、どうしても保護者の目線が気になってしまい、ついつい、教師が語ることが多くなってしまいます。しかし、教師が話せば話すほど、子どもたちの活動時間は減ります。

■待つことを恐れない

どうしても授業参観となると、子どもたちも緊張して発言が少なくなってしまいがちです。そんなときは慌てずに待ちましょう。沈黙を恐れてはいけません。ここで教師が話し出すと子どもたちはもっと話さなくなります。グッと堪えれば、必ず子どもたちは発言し始めます。

待っている時間も子どもたちは必死に思考しています。そんな姿を見付けられると余裕をもって待つことができるようになります。

■どのように学ぶかに着目する

3年生から始まる教科の授業参観では、学びのプロセスに着目します。例えば、理科の場合は、実験・観察を通した問題解決的な学びを保護者に見てもらいます。

授業参観のアイデア

01 子ども主体の授業にするために

子ども主体の授業にするためのポイントが、自然と子ども主体の授業になる「授業展開」です。

① 個人ワーク
② ペアトーク
③ グループワーク
④ 全体交流
⑤ 個人ワーク（まとめ、振り返り）

教師は、子どもたちと対話したり、意見を板書にまとめたりします。個別の関わりを多くして、全体指導を少なくすることが鉄則です。

02 理科なら実験

理科の授業であれば、実験の授業を行うとよいでしょう。実験をするとなると、その過程に必ず、予想（仮説）、実験、結果、考察といった問題解決の流れができます。

この過程を辿ることで、左のポイントを自然と押さえることができます。

また、実験をするときには、合わせて必ず安全指導も行います。身の回りの危険や安全を子どもたちだけでなく、保護者にも理解してもらいましょう。理科の実験は、安全指導ができるところもよい面です。

① 実験（理科）

② 探究的な学習（社会）

③ 保護者参加型

03 社会なら探究

　3年生の社会では、地元の地域について学習する内容があります。子どもたちは、地元について知らないことがたくさんあります。「地元の謎について解明するためにいろいろな人の意見を聞こう」という時間を設定してみましょう。

　すると、子どもたちは、自然と保護者にインタビューをしたいと言い出します。授業参観で、「学びの場」が拡張したとも言えます。

　保護者の力を借りることで、学びをさらに深めることができるでしょう。

04 保護者参加型授業

　授業参観のよさは、保護者という強力な支援人材です。保護者の力を借りることは、よりよい学習を展開する上で有効です。また、学級理解をしてもらうという点においても効果的です。

　保護者に協力してもらうためには、事前に学習内容を伝えておくことが重要です。

　学習内容、担ってほしい保護者の役割などを明確に伝えておきましょう。また、手紙を読んでもらうときなどは、事前に数名の保護者にアポイントメントを取りましょう。

研究授業

▶ねらい

教師のための研究授業ではなく、子どもたちと成長する研究授業を行うことで、子どもたちとの一体感をより一層強めていく。

▶指導のポイント

研究授業にも、いろいろなものがあります。自主的に行うだけでなく、法定研修として行う授業や、校内研究としての公開授業、中には市区町村や全国大会の代表として行う授業をすることもあるでしょう。目的に合わせて公開する規模や準備物は変わりますが、子どもたちにとっては1つの授業です。「誰のため」の研究授業かを忘れず、目の前の子どもたちに向けた授業を考えましょう。

▶研究テーマと指導案作成

校内研究などの代表として授業を行う場合は、研究テーマ（研究主題）に沿って授業を考えていくことになります。決められている教科で授業をしたり、「ICT活用」や「対話的な学び」といったテーマがあれば、それに応える授業展開をしたりする必要があります。

まずは、研究テーマの説明をよく読み理解しましょう。研究テーマは、「○○ができる子どもに育てたい！」という目標や、「○○すれば△△になるはずだ」といった仮説があってつくられています。そのため、分からないところが少しでもあれば、研究担当（研究主任）に聞きに行きましょう。

また、指導案作成に当たって、教材分析会や指導案検討会がある場合があります。忙しい中であっても、他の皆さんに迷惑がかからないよう期日までに提出しましょう。個人で行う研究授業よりも時間と労力（と気力）がかかりますが、きっと大きな成長をもたらしてくれるはずです。

授業本番までのチェックリスト

01 教室環境を整えておこう

日頃から美しい状態を保つことは当然ですが、改めて教室の状態を確かめておきましょう。ロッカーや本棚、教師用の机、靴箱、掃除用具入れや雑巾などを、保護者視点で考えながら見てみましょう。掲示物についても、工夫があるといいでしょう。

02 ノートづくりは4月から

ノートを使う教科であれば、本時だけでなくこれまでの部分も見られます。4月から、丁寧なノート指導をしておけば問題ありません。ますを上手に使っているか、必要に応じて定規や色鉛筆を使っているかなどを、単元ごとに確かめ、事前に指導しておきましょう。

● Point 自分の授業を幅広いものとするために

03 指導に来る先生に事前挨拶

　指導講評をしていただく先生方には、事前に挨拶をしておきます。メール、もしくは電話で事前に挨拶しておき、当日は可能なら授業前と授業後に挨拶をしておきます。相手も人間です。挨拶されれば気持ちがよくなり、より実りのある授業研究会になります。

04 当日は「いつも通り」

　授業者の緊張は、そのまま子どもたちに伝わります。授業当日は、どんなに忙しくてもみんな遊びなどの会社活動を行い、他教科の授業も普通に進めます。教師の服装と参観者が多いこと以外は「いつも通り」になるよう心がけましょう。

学校行事で頑張る自分を
イメージさせる

▶11月の目標

　学習発表会、作品展といった大きな学校行事や研究授業、公開研究会といった学校としての行事も多く行われる11月。成績処理に入る12月の直前の大きな山場であると言えるでしょう。また、年間を通しても大きな山場になることは間違いありません。ここまで過ごしてきた子どもたちと、しっかりとした成果を出せるようにしましょう。

11月の学級経営を充実させるために

　大きな行事や取組の際に、気を付けなければいけないことがあります。それは、

　　教師の焦り

　です。「成功しなければ…」「しっかりとしたものを見せなければ…」そのような教師の思いが強くなればなってしまうほど、子どもたち主体の活動とはかけ離れてしまい、教育の本来の目的からずれていってしまいます。こうした行事を迎えるときこそ、

　　何のための行事なのか？

　と問い直すようにしましょう。その答えは「子どもたちの成長」につながっていなければいけません。そのためには、

　　それまでの布石（小さな取組のつながり）

　が重要です。決して、そのときだけの実践とならないよう、十分に気を付けましょう。

注意事項

　「何のためにこの取組をするのか？」の答えを出すためには、「対話の時間」を確保する必要があります。まずは職員室で、そして、子どもたちと「どんな力を身に付けたいのか」「何のために実施するのか」を十分に話し合うことを大切にしましょう。

学校行事（学習発表会など）で活躍する自分を想像しよう

▶ねらい

　学習発表会本番の自分を想像し、具体的にどんな状況なのかを思い浮かべることを通して、本番に向けた見通しと意欲をもち、目標の第一歩を具体的に決めることができる。

▶活動例

　子どもたちが主体的に学校行事などに取り組むためには、「どんな自分でいたいのか？」を十分に子どもたち自身が考える必要があります。

　そのために、教師はどのような言葉かけを子どもたちにしていけばいいのでしょうか。

　以下に、参考例を紹介します。

1．自分のことを考える構えをつくる

　「足はしっかりと床についていますか」「先生の声は皆さんの心に届いていますか」「先生が見えていますか」など、体感覚、聴覚、視覚に関する事実承認（できていることを認めること）をして、話を聞く雰囲気をつくる

2．行事で活躍している自分の姿を思い浮かべる

　「学習発表会本番、皆さんはステージの上に立っていますね。ステージの上に立っている自分を思い浮かべてみてください。思い浮かべられたら、ステージの上にいる自分の中にすっぽりと入ってみましょう」。

　「ステージの上から、何が見えていますか？どんな音が聞こえてきますか？どんなことを感じていますか？」。

　「そして、今回の学習発表会でどんな自分に成長していますか？そんなことをじっくりと想像してみましょう」。

3．最初の一歩を決める

　「しっかりとイメージができた人からゆっくり目をあけましょう」と言い、イメージを止めさせる。そして、「想像した自分を達成するには、どんなことから頑張るといいでしょうか？」と言い、目標に向けた第1歩を決める。

▶活動後のポイント

　時間があれば、どんな自分を想像したのかを発表させます。きっと「お家の人の応援の声が聞こえる」「お家の人が喜んでいる顔が見える」などの意見が聞かれるでしょう。それらの意見を、本番までの過程で教師が使っていくようにしましょう。

学習発表会【理論編】

▶ねらい

探究的な学習のよさや面白さを子どもにも保護者にも実感させる。

▶指導のポイント

学習発表会では、単発の取組ではなく継続して取り組んだ学習（探究学習）の成果を発表しましょう。教師と子どもがゴールやビジョンを共有することで、継続的に意欲をもって取り組むことができます。まずは教師がゴールイメージをもちましょう。ここでは、探究学習の進め方について説明します。

▶探究的な学習のプロセス

① 課題の設定
② 情報の収集
③ 整理・分析
④ まとめ・表現

この4つの「探究のプロセス」を順番に丁寧に実施することで、探究的な学習を進めることができます。

その中で最も大切なこと。

それはこのサイクルを回し続けることです。

回し続けるには動機が必要です。新たな問いや課題を子どもたちが見付けることができるかにかかっています。

学び続ける子どもを育成する鍵は、まとめ・表現の後のリフレクション（振り返り）が鍵を握っています。

探究のプロセス

01 課題の設定

課題設定では、日常生活や社会に目を向けたときに湧き上がってくる疑問や関心に基づいてテーマを設定します。

子どもたち一人ひとりが自由にテーマを決めてもよいですが、範囲が広がることで逆に混乱を招きます。ここでは、11月の学習発表会「私の学びを発表しよう」というテーマを設定しましょう。

その中で、どの学びについて発表するかは子どもに自由に選択させるようにしましょう。

02 情報の収集

情報収集では、具体的な問題について情報を収集することが大切です。

ポイントは複数の方法で情報を収集させることです。ある1つの収集方法では情報が偏ってしまうからです。

・教科書を参考にする。
・図書室や図書館の本に当たる。
・専門家に直接聞く。
・インターネットで検索をする。
・現地調査を行う。
・アンケートを実施する。
・実際に実験したり実技をしたりする。

探究する子どもを育成するポイント

大・小2つのサイクルを回す
大：青色枠（1年間に何度も継続的・発展的に繰り返す）
小：薄い青色枠（4つの探究のプロセスを丁寧に実施する）

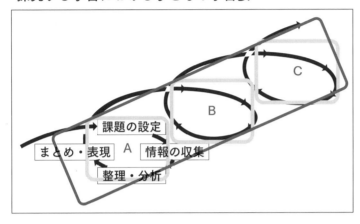

探究する学習における子どもの学習姿

課題の設定
まとめ・表現　A　情報の収集
整理・分析

・日常生活や社会に目
を向け、子どもが自
ら課題を設定する。

探究の過程を経由する。
①課題の設定
②情報の収集
③整理・分析
④まとめ・表現

・自らの考えた課題が新
たに更新され、探究の
過程が繰り返される。

引用：『小学校学習指導要領（平成29年告示）解説　総合的な学習の時間編』

03 整理・分析

整理・分析では、集めた情報を自分の言葉で整理しまとめることが求められます。

集めた情報を羅列するだけではいけません。なぜ、そうなったのか。根拠を基に理由や考えを述べることができなければなりません。

そして、その結果から自分自身がどんな考えに至ったのかという自身の学びについても整理することが大切です。

04 まとめ・表現

明らかになった考えや意見を、まとめた後に表現することが必要です。表現の方法は、口頭発表やポスターセッションなど様々ですが、今回は、プレゼン資料を作成し、その資料を使っての口頭発表をする形で実施しましょう。

資料をまとめる力と、意見をまとめて話す力の両方を高めることができます。

学んだことを具体化することができる。これは概念が具体性を増して形成され、理解が深まることにもつながります。

4月　5月　6月　7月　8月　9月　10月　**11月**　12月　1月　2月　3月

学習発表会
【実践編】

▶ねらい

　子どもたちが人前に立って学習成果を発表することで、学ぶよさや発信するよさを味わう。

▶指導のポイント

　学習発表会では、一人ひとりに出番が必ずあることが重要です。限られた時間の中で、自分の学びを伝える時間、友達の学びを聞く時間の両方を取り入れるようにしましょう。

教室は広く使い、タブレット端末も活用するとよい

学習発表会の展開

01 発表内容【個人探究】

　子どもたちが考えることに迷わないように、大きなテーマと簡単な内容だけは決めておきましょう。

■大テーマ「私の学び」

　内容：3年生になって、自分が興味をもって学習していることや頑張って取り組んでいる学習について、スライドを用いて発表しよう。

　学習に関することなら全てOKにします。「地域の地図づくり、夏休みの自由研究の発展、新しいスポーツの考案、英語のスピーチ。実技を行いたい子どもには、取組の過程をスライドで説明し、成果を実技で実施させるとよいでしょう。

02 発表場所

　36人学級の場合であれば、6つのグループに分けます。机や椅子は中央に固めるか廊下に出してしまい、教室を6等分します。

　教室をいつも以上に広く使いましょう。子どもの発表内容によっては、広い場所が必要な場合があるかもしれません（体育の実技を見せたいという子どもがいた場合）。そういった場合は、タブレット端末を効果的に活用しましょう。

　事前に撮影をしておき、タブレット端末を活用して発表させることで場所を広くとらなくても実施することができます。

Point ICT端末を活用して、振り返りを行う

○○さんの発表を聞いて もっと詳しく知りたい・教えてほしい	○○さんの発表を聞いて もっと詳しく知りたい・教えてほしい	○○さんの発表を聞いて もっと詳しく知りたい・教えてほしい

○○さんの発表を聞いて もっと詳しく知りたい・教えてほしい	○○さんの発表を聞いて もっと詳しく知りたい・教えてほしい	○○さんの発表を聞いて もっと詳しく知りたい・教えてほしい

振り返りは、手早く簡単にできるものがよいでしょう。たくさん書かせることがよいことではありません。紙媒体で書かせてもよいですが、Google FormsやJamboardなどを活用することができれば、データの収集や分析も素早く簡単に行うことができます。

03 発表時間と方法

1人当たりの発表時間は質問タイムを含めて、5分とします。入れ替え時間を1分と考えて6分を1サイクルと考え、6回実施しましょう。

① 本時の流れの説明（3分）
② 発表タイム（36分：6分×6回）
③ 全体のまとめ・振り返り（6分）

発表時間の差は必ず出てきます。そのため、あらかじめ質問タイムを含めた時間設定にしておき、対応できるようにしましょう。また、時間がなければ、質問は振り返りに書かせてもよいでしょう。

04 サイクルを回す ガソリン補給

発表会では必ず友達の発表に対して評価をさせましょう。評価と言っても、良い悪いを聞くのではありません。

視点は1つ。

「もっと詳しく知りたいこと、教えてほしいこと！」です。これは、参観している保護者にも協力してもらいます。

この評価によって子どもたちは、新たな問題意識をもち始めます。再度探究をする必然性がそこで生まれます。取組の振り返りが新たなサイクルを回すためのガソリンとなって、子どもたちの更なる主体的な活動を生み出すことになります。

Jamboardで自分たちの姿を振り返る

▶ 12月の目標

　7月に続いて3年生として2度目の学期末。2学期の振り返りを丁寧に行うことに変わりはありませんが、視点としては「4年生に近い3年生」として2学期をどう過ごせたのか、または3学期をどう過ごしていきたいのかを振り返るようにさせましょう。そのような意識をもたせることで、日常の学校生活の意識を高めるようにしていきます。

12月の学級経営を充実させるために

　12月も7月と同じように、3週間程度しか学校に登校しませんので、何か新しい取組を始めるというよりも、これまでの学級を振り返る時期であると言えるでしょう。

　ただし、1学期に比べると、ずいぶんといろいろな点で子どもたちは高まりを見せている時期であるとも言えます。

　具体的に、どのような視点で子どもたちを振り返ればいいのでしょうか。

・・・

- ・男女の仲はどれくらいよいか。授業中、どの男女も関係なく話をすることができるかどうか。また、休み時間はどれくらい男女で過ごしているか（休み時間は必ずしも男女で過ごさなければならないわけではない）。
- ・どれくらい子どもたちが協働的な学びを進めることができるかどうか。子どもたちの雰囲気や協働学習の発言の内容はどうか。どれくらい自分たちで学習を進めようとしているか。
- ・一人一役当番や給食当番、掃除当番はどうか。スピーディーに正確にこなすことができているかどうか。必要なことは話し合い、自分たちで問題解決をしているか。

・・・

　そんな視点で、学級を振り返ってみましょう。

　これまでの子どもたちの成長と自分自身の実践の成果を見つめることができるはずです。ぜひ、丁寧に振り返りをするようにしてください。

注意事項

　12月は特に「できていること」「成長したところ」を中心に振り返りを行うようにしましょう。3学期は、ここまでの取組を次年度へと伝えていく時期です。子どもたちができるようになったことを、4年生へと引き継げるようにしてください。

Jamboardで自分たちを振り返ろう

▶ねらい

　6つの視点をもとに、自分たちの2学期の姿を振り返り、できたことやできなかったことを明らかにすることを通して、3学期への意欲につなげるようにし、自分たちの行動や心情をよりよくしていこうとする態度を育てる。

▶活動例

　Googleによる「Jamboard」を活用することで、以下のような取組をすることもできます。

1．下のようなJamboardを作成しておく。スペースが小さいと感じた場合は、「その他」を消してもよい。

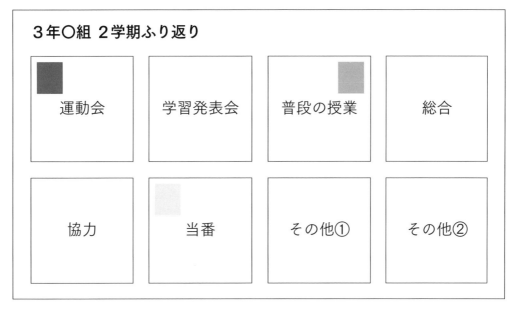

2．子どもたちに2学期の振り返りをすることを告げる。付箋機能を使ってみんなで付箋を書き溜めていく。その際、「4年生に近い3年生としてどうだったか？」を考えて付箋を書くように伝える（よかったことは黄色、よくないと思ったことはピンク、分からないと思ったことは緑などで色分けするとよい）。

3．完成したものをプリントアウトし、教室に掲示する。2学期末のキャリア・パスポートでは、これを参考に個人の振り返りをさせるとよい。

▶活動後のポイント

　完成したものをキャリア・パスポートに活用することはもちろん、3学期にも活かしていくとよいでしょう。掲示することで、いつも自分たちの姿を振り返ることができます。ぜひ、役立ててみてください。

お楽しみ会

▶ ねらい

お楽しみ会も成長のチャンスと捉え、子どもたちだけで企画・運営させることで、自治的な学級に成長させる。

▶ 指導のポイント

教師の介入なしで会社活動を盛り上げられるようになってきたら、お楽しみ会も子どもたちに任せられるようになります。

こなせばOKではなく、しっかり準備をさせて、イベントを成功させましょう！

当日は、参加側（フロア）に事前指導しておくことで成功します。しかし、大成功にはなりません。「価値のある失敗」をさせることで、次のお楽しみ会につなげていきます。

▶ 企画をしよう

まずは、楽しいイベントを企画させます。これは、終業式の1か月以上前から話しておくことが大事です。たくさん企画を考えさせると、5〜6時間ほどかかるくらいの量になります。精選することで2〜3時間程度に収まるようにしますが、週1時間ほどの学級活動の時間をお楽しみ会として使うため、準備は11月から始めましょう。

お楽しみ会に向けてイベントを企画する場合は、右の「企画書」を提出するように伝えます。提出された企画書をもとに学級会で話し合います。そして、イベントの楽しさや行う目的をアピールさせ、順番や時間などを調整させましょう。

お楽しみ会のスケジュールが決まったら、企画書を書き直します。企画書をつくる段階でも成長のチャンスです。今度は厳しく、タイムスケジュールや準備物の見通しなどをチェックします。「価値ある失敗」にするためにも、準備段階を丁寧に取り組ませましょう。

事前準備と事後指導

01 リハーサルをしよう！

お楽しみ会は、「成功」しなくてはなりません。そのため、念入りな準備とリハーサルを行わせます。

準備で最も大切なものは、「台本」です。司会は誰がするのか、いつ何を話すのか、全て決めさせておきましょう。

そして、みんな遊び系のお楽しみ会でグダグダになる一番の原因は、「遊びのルールが分からない（難しい）」ということです。そのため、台本を実際に読ませ、厳しめに改善点を伝えましょう。ピアノ演奏などの発表系でも、何を伝えたいのか、どんなところに着目してほしいのかなどを、説明させるようにします。そうすることで、ルール説明や曲紹介のポスターを作成するなどの工夫が生まれます。

02 次に活かそう！

お楽しみ会が始まる直前直後は、「先生からのお話」を入れましょう。直前の指導では、「お楽しみ会はみんなでつくるもの」と伝えておきます。イベントは、参加するフロアの盛り上がりがあって初めて「成功」します。

そして、直後には、簡単な振り返りを伝えます。よかったところや事前準備で工夫していたところ、他の企画者にもつながる改善点を伝えます。しっかり準備をしてきたからこそ、「価値のある失敗」となり、次への原動力になります。

また、企画書を返却して裏に感想や振り返りを書かせます。振り返りをすることで、「やって終わり」ではなく、「次はもっと大成功だ！」と3学期につなげることができます。

企画書

企画書	はいく教室
日時	12月17日　4時間目
グループ メンバー	鈴木、前田、後藤、山本
目的	みんなそれぞれ楽しくはいくをつくること。
内容	はいくのせつ明 みんなではいくをつくる

タイムスケジュール	
時間	すること
5分	せつ明
1分	みんなに紙を配る。
20分	短ざくに書く。
10分	発表
4分	終わりの言葉
	先生からのお話

年末年始の過ごし方

▶ ねらい

短い休みであるが、体調や生活リズムを崩しやすい特徴があることを伝え、規則正しい生活を送れるようにする。

▶ 指導のポイント

冬休みは、短い休みですが、行事ごとが多かったりテレビ番組も特番などが増えて生活リズムが崩れやすかったりします。冬休みのリズムが3学期に大きく関係することを伝え、充実した過ごし方とは何かを考える時間をつくりましょう。

▶ 日本文化や家庭の文化・行事を味わう

日本の文化のみならず、家庭や地域に伝わる恒例行事が冬休みにはたくさんあります。その多くを紹介し、ぜひ子どもたちにたくさん体験するように促しましょう。

そして、その中で興味をもった1つを調べさせてみましょう。文化や行事には、必ず起源や理由があります。今も大切にされる理由や起源を知ることで、文化や行事を大切にする子どもの心が育まれます。

■子どもが調べる主な文化・行事
・大掃除
・年越しそば
・除夜の鐘
・初詣
・年賀状など

年末年始の過ごし方を考える

誘惑がいっぱい

冬休みは、10日ほどですが、お正月行事が多くあるため生活リズムが崩れやすくなります。また、お年玉などをもらうことで金銭面のトラブルも増加します。

■健康面について
冬休みは夜更かしをしてしまったり、こたつで寝てしまったりなど、生活習慣が乱れやすくなります。生活習慣が乱れると体力低下につながり、風邪やインフルエンザなどの病気にかかるリスクが高まります。

また、ついつい食べ過ぎてしまうことや、運動不足にもなりがちです。

そうならないためにも、毎日、決まった時間に起床、就寝をするような日課表を準備してあげましょう。記

入することは、起床時間と就寝時間だけで構いません。冬休みにも時間を意識させることが重要なのです。

■ご利用は計画的に
とあるCMで聞いたことのあるフレーズですが、お年玉をもらうと子どもたちはどうしても気が大きくなってしまいます。これは子どもに限らず大人も同じです。

では、そうならないためにはどうすればいいのでしょうか。

Point 年末年始のいろいろな行事を調べさせよう！

① 大掃除

② 除夜の鐘

③ 初詣

④ 年賀状

02 3学期はすでに始まっている？

その答えは簡単です。

もらっていない今の段階に、ほしいものや本当に必要なものを書き出す作業をします。

そして、それを保護者にも見てもらい、了解を事前に得たものを買うようにするとよいでしょう。勢いで買ったものの、案外使っていないということは、大人の私たちでもよくあることです。

だからこそ、冷静なときに判断をしておき、実行に移すということが必要です。

あわせてお金の貸し借りは絶対にしてはいけないということを伝えておきましょう。

「金の切れ目が縁の切れ目」という言葉を使って説明するのもいいでしょう。

冬休みで一息つきたい気持ちはよく分かりますし大切なことです。ただ、その後の3学期の登校日数を子どもたちに伝えておくことが大切です。

1月はいく、2月はにげる、3月はさるると言われるように3学期はあっという間に過ぎていきます。冬休みを合わせても2学期の日数よりもはるかに少ない登校日数です。子どもたちには冬休みを満喫してもらいながらも、3学期が終われば4年生になるという意識をもたせて、冬休みを迎えられるような声かけをしましょう。

キャリア・パスポート②

▶ねらい

自分のなりたいもの、やりたいことができるだけの力が付いているかどうか、3学期に向けてこのままでよいのかを考える時間にする。

▶指導のポイント

2学期にたくさんの行事を乗り越えてきたこと、長い学期の中で頑張ったことがたくさんあることを子どもたちが実感できるようにします。行事ごとのキャリア・パスポートを見直して、日常生活、学校生活のどのようなことにつながっていたのかを改めて考える時間としましょう。

▶キャリア・パスポートを活用する

忙しい学期はバタバタと終わっていってしまいます。せっかく学びがたくさんあっても、振り返る時間がなければ次に生かすことができるのはほんの一部です。

子どもが、「自分で理解してここは頑張った!」「これは仲間と協力した!」と自信をもって言えると、次に同じ場面に遭遇したときに意識しなくても自然とできるはずです。キャリア・パスポートはポートフォリオとして残っていくからこそ、前の自分と比べることが容易であり、子どもたちに成長の実感が伴っていくのです。

また、3学期に向けて考えるいい機会にもなります。3学期に入る前に次に頑張りたいことを明確にして冬休みに入ることで、冬休みも規則正しい生活を送れるなどの効果も期待できます。

3学期へ向けて

01 行事での頑張りを日常へ

行事では子どもたちは頑張れます。たった1日や2日であれば、意識したことを実行することもできるはずです。しかし、日常生活と結び付けることであったり、持続させるためには教師の働きかけが必要となります。

キャリア・パスポートの保管場所はいつでも見られるところになっていますか?

子ども自身が自由に手に取り、いつでも見返すことができるようにすることで行事での頑張りを自分自身が何度も目にし、これは日常でも生かせるかもと子ども自身が気付くきっかけをつくることで、次のステップにつながります。

02 成長の実感と未来へ

2学期の終わりにこの活動に取り組むということは、もちろん3学期を見据えているからです。3学期は学期の中でも一番短く、また、次の学年の0学期、すなわち準備期間だと言われています。この0学期でしっかりまとめをし、次につながる足場架けを子どもが見付けておくことで、スムーズな学期のスタートを迎えられることでしょう。終わりを考えることで始まりを意識することができる活動は意欲を持続させることができるのです。

3年生（学校行事）成長カード

★ 運動会のめあて

- 今まで体育で身につけた力を使って、力いっぱい取り組もう！
  【もちろん競技中以外も】

- 仲間といっしょに勝負したり、応えんしたりすることを楽しもう！
  （しっかりやる！　しっかりみる！）

★ 自分ががんばること

★ 運動会をふり返ろう

①自分ががんばったことやできるようになったこと

②うれしかったこと、楽しかったことはどんなこと

③学んだことを生かし、これからどんなことをがんばりたいですか。

個人懇談②

▶ ねらい

2学期末の個人懇談では、次の学年を意識した個人懇談になるように、これまでの成長と課題について共有していくようにする。

▶ 指導のポイント

個人懇談で話すことを子どもと共有してから保護者に話すことで、お家での会話につながります。学校でよいこととして伝えられたことを家庭で保護者の方からも褒めてもらえると、大きな自信につながります。また、課題を伝えるときは明確に伝えられるといいですね。

▶ 個人懇談では 子どものことを語り合う

保護者は忙しい中、学校に来校しています。開始時間、終了時間は必ず守るようにしましょう。

冬の廊下はとても寒いです。待ち時間の工夫も忘れずに行いましょう。例えば、①暖房や電気をつけておく、②座布団がある椅子を使う、③ひざかけを置いておくなどが考えられます。環境を整えることも教師の大切な仕事の1つです。子どものことを語り合う時間にするためには、そのほかのところで気になることが少なくなるようにするとよいでしょう。

■動画を上映！

運動会や音楽会の本番は保護者に見てもらえますが、メイキングとして動画を上映すると、練習の様子などを知ってもらういい機会になります。本番があるのは練習のおかげです。改めて褒めることのできるチャンスにもなります。

個人懇談で共有すべきこと

01 学期の振り返りを保護者と共有

■日々の学習の振り返り

それぞれのノートには、毎日の学習の振り返りが書かれています。その振り返りを保護者が見るチャンスはなかなかありません。各教科のノートをそれぞれの机に並べて帰り、自由に手に取って見てもらう時間を設定するのもいいです。お家での頑張りと重ねて子どものことを知るチャンスになります。

ノートを見れば自ずと学習の課題の話になります。課題はなかなか言い出しにくいですが、学校だけではどうにもならないことばかりです。家庭と連携して取り組むことが子どものためになります。保護者の方も課題と感じていることと一致することが多いです。きっと同じ方向を向いて話すことができるでしょう。し

かし、課題ばかり聞くのは、やはりしんどいものです。課題の伝え方としては、「今のままでは少しもったいないですね」「この部分をもう少し頑張れば、さらに素敵になりますね」など、言葉に気を付けて伝えます。

やはり、子どものありのままの姿を伝えるためにも事実は大切です。しかし、保護者の中にも子どもへの過度な期待が見受けられる人もいます。見せる箇所にも十分な配慮が必要です。

02 キャリア・パスポートで成長を共有

　2学期はたくさん行事がある学校が多くあります。運動会や音楽会、学習発表会や宿泊行事など、みんなで取り組む行事の後は学級の振り返りだけでなく、個人の振り返りも大切にしていきたいものです。

　行事のこともキャリア・パスポートに記録しています。子どもの言葉で書かれたものを共有していきましょう。

　子どもの存在を感じる個人懇談はスムーズに進みます。互いの見方やそれぞれの場所での子どもの姿を共有することで教師として、子どもに対する視野を広げるよい機会になります。

　キャリア・パスポートを手に取り、子どもと何を話すかも重要なことです。さらなる成長を促すために、子どもの言葉を使って対話することを保護者におすすめします。

　キャリア・パスポートは子ども自身の記録です。足りない部分は教師が口頭で補足することで、家庭での対話のきっかけになり、自然にそのことを伝えてもらうことができます。保護者と話す中で、期待しすぎているなと感じることもありますが、子どもの等身大の姿を見ることで保護者も立ち止まり、成長をサポートするための方法を考えてくれます。

　日常生活を豊かにすることは、生きていくために欠かせません。そのため、日常と学習がつながっていることを改めて保護者と一緒に確認していき、これからの成長につなげていきましょう。

終業式（2学期）

▶ねらい

4月からこれまでの過ごし方を振り返らせ、自己理解を促すと同時に、3学期に向けての目標をもたせる。

▶指導のポイント

3年生は新しい教科がいくつも増えました。それに伴い、6時間授業なども増えました。新しいことが増えた中で、がむしゃらに走り切った1・2学期をじっくりと振り返り、自己の頑張りを認め、他者を認め、3学期からもよいスタートが切れるように声かけをする必要があります。

行事と学習の2側面で振り返りを行う

2学期で子どもたちの印象に強く残っているのは行事です。行事が子どもを成長させるということは紛れもない事実であるため、改めて自分たちの取組を写真や動画を見ながら振り返りをするとよいでしょう。

ただ、それ以上に大切なことは学習面での振り返りです。

自分自身の得意・不得意を考え、理解し、改善するためにどうすればいいのかということを子どもなりに考えることがメタ認知につながります。

■具体的な声かけの例

①不得意だと思う教科はありますか？

②どんなところが苦手ですか？

③克服するために、何か取り組んだことはありますか？

④もしなければ、どんな取組をするのかを書いてみよう！

終業式で大切なこと

01 振り返りは3学期に取り組めること

2学期の振り返りでは、B学習面にフォーカスをして考えましょう。

教科が増えると得意なことも不得意なことも当然のように出てきます。それはあって当然のことであるということを押さえた上で、子どもたちにもう1段階深く考えさせましょう。

それは、自分自身、何が得意で何が苦手なのか。どの程度苦手としているのか、ということです。案外子どもたちはそこまで振り返って考えていません。なんとなく、得意、好き、嫌い、苦手と捉えているのです。

よく考えてみると、実は案外苦手ではなかったということも多いのです。ここでは、苦手を少しでも改善する方法を紹介します。

■苦手なことや課題を改善する振り返りの視点

| ① 3学期中に絶対に改善できる課題 |
| ② 3学期中に改善したい課題 |

この2点を話させたり書かせたりするようにしましょう。

遠く、高い目標を立てると達成することが難しくなります。その結果、達成できない自分＝できない自分、→苦手意識へとつながっていくのです。

02 担任からの声かけ

目標が立てにくい子には、教師が一緒に考えてあげるとよいでしょう。

①は絶対にできること。【明日にでも】
②は達成できる可能性があること（最悪できなくても構わない）

2つの目標を立てることで必ず達成できるという自信と、粘り強く取り組もうとする態度が生まれます。

もしも、達成できなかったとしても過程を認め、4年生につながる声かけをすることができれば、取り組んでよかったとどの子も思うはずです。

まずは、2学期間学校に登校したことを褒めましょう。安全に気を付けて健康に過ごせることは生きていく上で最も大切なことです。また、2学期の行事で活躍したことを1つ取り上げて、子どもを認めてあげましょう。

さらに、教科のことにも踏み込んで話をしましょう。このときのポイントは、その子どもが苦手としている教科のことを褒めることです。3年生で教科の苦手意識をもち始める子が多くいます。その多くは、テストの点数が取れないからです。苦手な教科に対する子ども一人ひとりの取り組む姿勢を褒めることで、学び続ける意欲が継続します。

202□年の自分を
バックキャスティング思考で考える

▶ **1月の目標**

「1月は行く、2月は逃げる、3月は去る」と言われるように、3学期はあっという間に過ぎ去ってしまいます。授業日数自体も50日程度しかなく、1年で最も短い学期となっています。また、2月は学習参観など、3月は学年末と少し余裕をもって過ごすことのできるのは、この1月くらいしかありません。最後に、自分の学級でどんなことに取り組みたいのか、計画的に過ごしましょう。

1月の学級経営を充実させるために

あっという間に過ぎてしまう3学期ですが、この1月だけは少し余裕をもって過ごすことができます。3学期の1番大きなイベントは、多くの学校で2月の学習参観となります。ここで、1年間の子どもたちの成長した姿を見てもらうのです。

その準備は、3学期になって何かが始まるわけではなく、これまで積み重ねてきたものを整理して発表するというイメージです。ただ、この1月の間に、最後の準備をすることも可能です。

どんな発表会にしたいのか、何を保護者に見てもらいたいのか、職員室や子どもたちとの対話を通じて、ぜひ考えてみてください。

そして、1月と言えば、書初めや新年の目標です。この時期になると、自分の担任している間のことだけを考えるのではいけません。

「この子たちが4年生になったら」

それを見据えて子どもたちと過ごすようにしましょう。新年の目標を決める際にも「あと3か月で4年生だね」と言葉かけをしながら、新年度を少しずつ意識させるとよいでしょう。

注意事項

「4年生になったら…」という視点をもちつつも、「この学級だからこそできるまとめは何か？」という視点でも3学期を考えましょう。3年生という時間がかけがえのないものになるからこそ、4年生へ確かなバトンをつなぐことができるのです。

「202□年の○○」を書こう！

▶ねらい

　新年に合わせ「こんな4年生になりたい！」という思いをできるだけ具体的に記入し、バックキャスティング思考を通して、3学期の具体的な姿や行為を考えさせ、新年の目標が考えられるようにする。

▶活動例

1．3学期が始まってまもなく新年の目標を子どもたちに立てさせる。その際、下のようなワークシートを活用する。

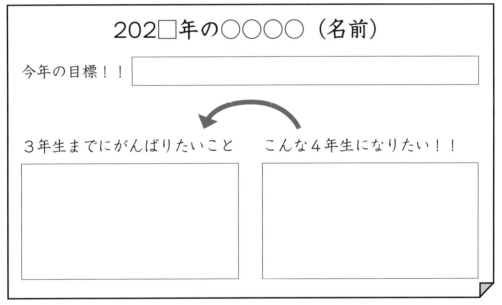

2．「202□年の○○」の○○には、自分の名前を記入させる（例：2024年の丸岡 慎弥）。

3．まず、「こんな4年生になりたい」から記入させる。「こんな4年生になりたい」をできるだけ具体的な姿で書くようにする。

4．その後に、「3年生までにがんばりたいこと」を記入する。この欄もできるだけ具体的に詳しく書けるようにする。箇条書きで書かせてもよい。バックキャスティング思考で考えるようにする。

5．最後に今年の目標を書くようにする。

▶活動後のポイント

　「2024年の○○」が書けたら、全体の前で発表します。自分の目標を全体の前で発表すること、さらには、みんなの目標をそれぞれ知り合うことで、3学期への学級の雰囲気を高めたり個人の目標をもたせたりすることが期待できます。

3学期始業式

▶ねらい

3学期では次の学年への意識付けが求められるため、慣れ親しんだ教室で過ごす貴重な時間であることを感じさせ、4年生に向けて走り切ろうという気持ちを高めるようにする。

▶指導のポイント

まず、寒い中頑張って登校してきたことに「よく来たね！」と声をかけます。そして、3月までの学校生活を一緒に考え、見通しがもてるようにします。仲間と過ごす残りの時間を考えることで、貴重な時間を過ごしていることを改めて考えるきっかけとし、プラスの言葉で互いをつないでいきましょう。

▶「学校に来てよかった」を再度味わわせる

始業式の日は、「とにかく学校に来てよかったな」を味わう日です。思い出などを発表したり、すごろく（下図）などで思い出を話したりすることもあると思います。3年生としては、自分の冬休みの過ごし方を客観的に見ることも必要です。「自分と人との過ごし方は違うな〜」というように、それぞれの過ごし方の違いを受け入れることで仲間との協力につながります。

少し経験を積んだ先生であれば、あえて、自由に仲間と話す時間を設けることで、休み明けの人間関係を知ることをしています。「少し、自由にお話していいよ！」ということで、ゆったりとした時間を過ごしながら、仲間と時間を共有することも大切です。

すごろくの例

お餅を食べた	トランプをした	お手伝いを続けた	きちんと起きた	お休み → …

※自分ならではの思い出を書いていく。

3学期の始業式でやるべきこと

01 自由な会話で個々の成長をキャッチ

テーマを決めて自由にお話しする時間をとります。これは「対話力トレーニング」にもなります。ただ単に言いたいことを話すのではなく、「質問して、話を広げて、より深く聞くことができるようにしよう！」とめあてを伝えて取り組むことで休み時間とは違う雰囲気をつくることができます。話すテーマはみんなで決める、くじ引きのようにあらかじめテーマが書いてある紙を引いて話すなど、工夫することができます。くじ引き方式にするとテーマに沿って話をしようとするので、構成力が鍛えられます。

会話をするので自ずと話す側、聞く側が生まれます。聞く側の姿勢で対話の深まりは決まります。聞く側に意識してほしい5つのことは、次の通りです。

1．話を最後まで聞く。
2．相槌をしながら聞く。
3．「へー」「なるほど」など、共感したことを伝える。
4．言葉につまっていても間を恐れず待つ。
5．質問するときは、どんな気持ちだった？どうしてそうしたの？など理由や気持ちを聞く。

これらは3学期までの学習で身に付いているはずなので、今の力を試す場にもなります。

02 仲間との協働で時間の短さを体感

3学期の残りの日数を感じることができるようにするために、これまで一緒に過ごしてきた日数と、残りの日数を示し、比較することからスタートします。短さを知ったのち、「この貴重な時間をクラスとしてどのように過ごしたい?」と問うことで、行事を確認したり、学習内容を確認したり、日めくりカレンダーづくりへと発展していきます。

仲間と過ごす時間には限りがあるということを理解した上で、安心した環境だからこそ挑戦してみたいことが出てくることでしょう。

1. 行事の確認

   始業式、修了式の日程を確認し、その後行事カードを並べ替えたり、つくったりします。できたものを掲示することで、行事への意識も高まります。

2. 学習内容の確認

   教科書の目次を確認して今までの学習、残っている学習を比べ、これからの学習を見える化します。

   1つ終わっていくたびに「○○クリア」など確認できるようにしておくとゴールが明確になります。

3. 日めくりカレンダー

   1人1枚数字を書いたカードをつくるとともに、クラスへのメッセージを添えることで所属感が生まれます。より1日を大切に過ごそうとするきっかけになります。

4月　5月　6月　7月　8月　9月　10月　11月　12月　**1月**　2月　3月

書初め

▶ねらい

自分の新年の目標を書初めで表す活動を通して自己を振り返り、1年のスタートをよりよいものにさせる。

▶指導のポイント

授業で書初めを取り扱うのは、3年生が初めてだという学校が多いでしょう。授業で取り扱うからこそ、子どもたちが自身を見つめ直し、これからの生き方につなげられるように意味のある時間にしてあげましょう。

▶書初めに込められた思い

書初めには、2つの意味があります。

1つ目は、字の上達を祈願する。自分の字が上手になるよう祈願するという意味です。

2つ目は、今年1年の抱負・目標を定める。今年の抱負や目標を書くことで、自身の意志を強めようと意識する意味合いです。

このような意味を知って書初めに臨むことをおすすめします。意味を意識することで、書く過程の中で願いを抱きながら取り組むことができるはずです。

ぜひ、意味にも触れて学習に取り組ませてみましょう。

活動の展開

01 1年の目標を立てる

書初めにどの字を選ぶのかを考えるために、新年の抱負・目標を立てます。子どもたちの社会は学校だけではありません。学校にかかわらず「この1年で自分が成長したいことは、どんなことか」について幅広く考えさせるとよいでしょう。

02 書初めの字を考える

計算が速くなりたい！

「算」は？

友達と抱負・目標を語り合います。その中で、文章だった言葉を「字」に置き換えていきます。友達と相談しながら、考えることで、自然と互いの抱負や目標に触れることができます。

03 お手本は自分でつくる

　習字の時間ならお手本があり、隣に置くことで字の
バランスが取りやすくなります。お手本を自分たちで
つくることで、字のつくりを意識することができます。
そこで、B4サイズの紙を渡し、鉛筆やマジックでとめ・
はね・はらい、バランスに気を付けてお手本をつくら
せてみましょう。

04 保護者に発信する

　子どもたちが書いたものを家庭に発信しましょう。
保護者にも家で話題にしてもらうことで、子どもの成
長にもつながります。1月に参観があればいいのです
が、行わない学校では学級通信に写真で掲載するだけ
でも、簡単に発信することができます。

学級会③

▶ねらい

　将来就きたい仕事について話し合い、自分の夢や希望の選択肢を広げることで、自分の生き方について関心をもつことができる。

▶指導のポイント

　新しい年が始まり、新年の目標を考えたこの時期に合わせて、自己のキャリアについて考える時間をつくります。3年生では、社会科で身の回りで働く人々の仕事について学んでいます。仕事に対する意識や工夫を学んだことを振り返りながら、自分が憧れている仕事や興味のある仕事について調べる活動を行います。将来のことを語り合いながら、夢や希望を膨らませられるようにしてあげましょう。

▶将来なりたい姿を想像する

　6年生の卒業が近付いたこの時期だと、たくさんの学校で自分の将来を考える時間があるでしょう。しかし、3年生の段階で、将来の夢を聞かれることがあっても、自分がなりたい姿についてじっくりと考える機会はなかなかありません。

　社会科の学習が始まり、小学校生活の半分が終わろうとする3年生の3学期に将来の自分についてじっくり考えることは、子どものキャリア形成に大きな影響を与えます。ここでは、3年生という段階を考え、将来なりたい姿からどのような仕事があるのかを調べたり、話し合ったりすることで、将来に夢や希望がもてるようにします。

　夢や希望を抱きながら、残りの小学校生活を過ごすことができるようにしてあげましょう。

学級会の展開

01 自分の好きを知る

　自分の好きは様々なところに隠れています。好きな遊びや好きな学習、好きな人（大人）や好きな生き物、好きなものまで考えると好きを広げることができます。

02 好きから仕事へ

　次に仕事を調べていきます。好きなことをテーマに考えていくと調べやすくなります。「お仕事図鑑」と調べれば、子ども向けの本がたくさんあります。ぜひ、探してみましょう。

03 夢は1つでなくてもいい

　3年生段階です。夢を1つに絞る必要はありません。自分の好きから考えると同じような職種がいくつもあります。いくつもある職種を候補として、自分の夢を考えられるようにしましょう。

04 夢を語り合う

　夢が決まれば、友達と語り合いましょう。立ち歩いて自由に交流するのもいいですし、みんなの前で発表するのもいいでしょう。自分の夢を言葉にすることで、より明確な夢へと変わっていきます。

先生が銅像になって子どもたちが主体的に学ぶ場を提供する

▶ 2月の目標

　2月は、この学年の総決算であると心得ましょう。最後の学習参観はもちろん、普段の授業をはじめとした学校生活全般で見られる子どもたちの姿が1年間の学級の成果でもあると言えます。「最後の学年懇談会で、保護者の方にどんな学級の成長を伝えたいのか？」を意識して過ごすようにしましょう。

2月の学級経営を充実させるために

「リード・サポート・バックアップ」の理論をP.13で紹介しました。
　2月は間違いなく

バックアップ

の時期です。
教師が言葉をかけなくとも、どこまで子どもたち自身でできるのか？

・授業の姿
・当番活動の姿
・休み時間の過ごし方
・朝の会・帰りの会
・朝自習など

　これらの時間をどう子どもたちだけで過ごすことができるのかを、しっかりと見守ってあげましょう。先生は銅像となり、子どもたちを温かな目で見守ることができるのが2月の理想です。

注意事項

　「先生が銅像となって温かく見守るのが理想」とはいえ、「必要があれば指導をためらわない」こともももちろん大切です。ただし、一歩立ち止まって「本当に子どもたちだけで解決ができないか」と思考するクセはもつようにしましょう。

先生は銅像に

▶ねらい

　1年間の学びを積み上げてきた3学期の時期に、「先生が銅像になる」ことを通して子どもたちの学習機会を提供し、見守ることで、子どもたちがより主体的に学びを進める力を育てるようにする。

▶活動例

1. 教師が銅像になっても子どもたちが学び合えると思う授業場面を探す（漢字学習、算数の問題場面などなど…）。
2. 「先生は今から銅像になります。自分たちだけで進めていきましょう」と宣言し、教師は子どもたちの学習活動を見守る。
3. 時には「子ども授業」として、教師の代わりに前に立って授業風に子どもにしてもらう。子どもたちには「質問を入れて説明してみましょう」とアドバイスをするとよい。子ども授業は、算数の学習からスタートすると、スムーズに導入できる。

▶活動後のポイント

　教師が銅像になった授業の終末場面には、振り返りの時間をできるだけ確保しましょう。振り返りの内容は、学習内容はもちろん「主体的に学ぶ態度（つまり学び方）」がどうであったかも振り返れるようにしましょう。

授業参観③

▶ねらい

学年の最後の参観は、子どもも保護者も1年間の頑張りを認め合える時間にするため、発表形式を工夫するなど、それぞれの自分らしさが発揮できる内容にする。

▶指導のポイント

最後の参観で「自分たちはどんな姿を保護者に見てもらいたいか」を子どもたちと考えます。自分らしさを発揮するために自分はどんなことができるのか1年間を振り返る時間を設定します。大きな枠組みだけ決め、子どもたちに任せてみることも大切です。1人で行うのか複数で行うのか、発表時間の合意形成を図り、限られた時間を有意義に使えるように促します。

▶自分らしさを発揮する

3年生になったので、今まで以上にできるようになったことも増えていることでしょう。その中で、自分が自信のあるものに取り組むことで、仲間の素敵なところも改めて感じることができる時間になります。

特に、できなかったことができるようになったという経験を発表することによって、それぞれの物事に対するアプローチが違うので、聞いている側にメリットが出てきます。

また、自分に合った方法を選択できているのかという視点で保護者や教師が見ることで、今後の成長に関わる適切なアドバイスをすることができます。

ただ得意なことを披露する場ではなく、この1年の努力や成長、自分らしさを発揮できると次の学年への自信にもつながります。

学年最後の授業参観で何をするか

01 3年生から始まった教科のことをテーマにして

3年生になって新しく始まった教科の中で、自分が自信をもって「頑張った！」と言えることを発表します。そこには自分の興味・関心が大きく関わり、探究的な学習へとつながっている姿を感じることができます。

02 3年生としてクラスの中で活躍したこと

生き物の世話など

係活動をがんばっています

係活動など、クラスの中での役割で頑張ったこと、今年1年間続けたことなど、相手を思って行動したことを発表します。そこには自分の強みが出てくるので、その子らしさを保護者と共有できます。

03 行事を振り返る

それぞれの行事の内容を振り返り、1年の学級の成長を劇にします。それぞれ思い入れのある活動は違うので、何について発表するかで自分らしさを発揮することができます。

04 苦手を克服する

苦手と思うことは誰にでもあります。だからこそ、克服したいという気持ちがあるならみんなで励まし合うことで乗り越えられるでしょう。写真を使って状況などを発表するとより分かりやすく伝わり、応援の気持ちも増します。

学年懇談会

▶ ねらい

3年生として、1年間大切にしてきた目標や目指す姿に対して子どもたちがどのように成長してきたのかを保護者に理解してもらう。

▶ 指導のポイント

学年懇談会は、年度末に実施されることが多いでしょう。1年間の子どもたちの姿を伝える時間になることが予想されます。3年生として、1年間大切にしてきた目標に対して子どもたちはどのように成長してきたか、さらによくなっていくためにはどうすればよいのか。子どもだけでなく、保護者も認め、励ます時間にすることが求められます。

▶ 多くの先生にインタビュー

小規模校の場合は、単学級ということもあります。その場合、学年懇談会資料が学級懇談会資料と同じになると思います。その場合は、新しくつくり直す必要はありません。大切なことは自分だけの目に頼らないということです。

学年に関わっている教師（養護教諭、栄養教諭、司書教諭、特別支援学級の教員、専科教員、ALT等）は必ずいるはずです。子どもたちのよさや頑張りを広い視点から見つめるように心がけましょう。

学級担任や学年の教師は、どうしても視野が狭くなってしまいます。懇談会資料をつくることを通して上記の人にインタビューすることは、視野を広げ、見方をアップデートするよい機会となります。

学年懇談会でやるべきこと

01 懇談会資料を作成しよう

学年懇談会を進める際には、懇談会資料を作成しましょう。作成することで、一個人の考えではなく、学年としての方針や考えが可視化されます。また、懇談会資料をつくり上げる過程に学年の教員同士の思いや考えを擦り合わせる時間が生まれます。

懇談会資料については、必ず管理職にも見てもらい意見をもらいましょう。学校は、様々な立場や役職があります。学年という一面的な見方だけでなく、多面的・多角的な視点で子どもたちの意見をもらうことで今まで見えていなかった新たな側面にも気付くことができます。

02 子どもも保護者も前向きに

課題を多く言われると、どんな人も気持ちが後ろ向きになります。捉え方、伝え方次第でポジティブに捉えることができるはずです。では、ポジティブな伝え方にするためにはどうすればよいのでしょうか。

子どもたちの「頑張りの姿」を伝えましょう。よくやってしまうのが、教師の想いを熱く語ってしまうことです。

しかし、本当に大切なのは、教師の想いではなく、子どもの姿と子どもの想いなのです。

子どもたちがどのシーンでどう感じていたのか。子どもの姿で語ることが保護者の共感を生みます。たとえ課題を伝えるときでも、子どもの姿を伝えることで受け容れてもらいやすくなります。

3．記憶に残る話（頑張りが見られるエピソード）

行事やエピソードごとの画像（別途スライドを
用意して話すとよりイメージが湧くでしょう）

運動会	音楽会	学年お楽しみ会
作品展	遠足	プール

4．今後の期待（3年生の残りの期間や4年生に向けて）

今後の期待を込めて（子どもたちの課題を述べる）
できていないことを書くというよりも、よりよ
い4年生になるために頑張ってほしいというニュ
アンスで書きます。

5．保護者への感謝、子どもにとっての保護者の存在

・サポートしてくれた保護者への感謝を伝えま
　しょう（教員側の立場）。
・子どもにとって保護者の存在は、大きな存在
　です。今後も変わらずに愛情をもって接して
　もらえるように伝えましょう。

文字は記録に残るため、記述内容は慎重に選びましょう。

1．学年の目標

★生活面

年度当初に学年で立てた生活面の目標

★学習面

年度当初に学年で立てた学習面の目標

2．学年の様子（子どもたちの成長）

★生活面

1年間通して、学年として成長してきたことを
書きましょう（課題は4で伝えるため、ここで
は書かない）。

★学習面

個人やクラス単位の話ではなく、全体の傾向を
つかんで伝える。

2月

03 語るよりも見せよう

　懇談会の多くは教師が主導で進めます。その中で思
い切って保護者にマイクを渡す時間を設けましょう。
そのためには。語れる場づくりが必要になります。
　場づくりをする上で最も有効な手段は、写真や映像
です。ここまで、1年間撮り溜めた写真や映像（学級
通信でも可）をスライドショー形式で流しましょう。
　学校の様子を知ってもらうには最も手っ取り早い方
法です。できるだけスライドを流している間は、教師
の語りは入れないでおきましょう。テロップを挿入す
るほうが好ましいでしょう。

04 語り手を保護者に

　映像を見てもらった後に、数人の保護者同士で子ど
もたちについて語り合ってもらいましょう。そのとき
に、どんな風に成長していってほしいのかという未来
思考の話題で話してもらいます。そうすることで、保
護者一人ひとりがもっている、子どもたちへの愛情や、
願いを聞くことができるでしょう。
　その願いを知った上で、懇談会資料5の内容（上図
参照）を伝えるようにして学年懇談会を終了していく
と、次につながる学年懇談会になると思います。

クラブ見学会

▶ ねらい

クラブ見学会の前に事前指導をしておくことで、4年生から始まるクラブ活動に、興味・関心をもたせる。

▶ 指導のポイント

クラブ見学会の目的は、どんなクラブに入りたいか、期待感を高めることです。高学年だけが入れる特別なチームに仲間入りするという点と、興味のあるクラブを得られるという点を事前指導しておくことで、ワクワクした眼差しで、各クラブの活動を見学させることができるでしょう。

▶ 事前に確認しておこう

迷ったり時間をかけすぎたりして、もし時間内に回れなかったら、別日に延期したり、最悪の場合は見学できずに終わるクラブが出てきたりと、学校全体に迷惑がかかります。児童数やクラブ数が多い学校では、回るだけでも一苦労です。1分単位で移動時間を含めて計算し、見学会当日に向けて、クラブ活動担当の先生が出した連絡事項をよく読み、ルートと時間を守って回れるようにしましょう。

また、当日は、自分が担当するクラブの指導を抜けることになります。同じクラブの担当の先生に伝えておきましょう。当日はいないからと任せきりにするのではなく、1人抜けても活動できるメニューを事前に活動内容として決めておきます。当日は、自分が担当するクラブの指導をする余裕はありません。事前準備が大切です。

クラブ見学の展開

01 2〜3個に絞ろう

ただ見て回るだけでも、十分に期待感が高まりますが、事前に「クラブ活動の何を見たいのか」を考えさせておきましょう。まず、「どんなクラブがあるか」を全て伝えます。ほとんどの子は、興味のあるクラブを2〜3個ぐらいに絞られるでしょう。

02 質問を考えておく

このクラブで楽しいことは何ですか?

見学の時間が短く、質問できずに見るだけで終わるクラブがほとんどであっても、質問は事前に考えておきましょう。問いをもつことで、自分から積極的に確かめようとします。また、時間が余ったり担当からの急な質問タイムがあったりしても対応できます。

並び方や
見学の仕方など、
君たちの様子を
高学年の先輩たちは
見ていますよ

どんなクラブに入りたいか 期待感を高める

Point **教師は見学の仕方を指導しておく**

03 見学の仕方を指導しよう

「あいさつはきちんとできないとダメだよ」「並び方
や見学の仕方など、高学年の先輩たちは見ていますよ」
と、見学の仕方について事前指導を入れておきましょ
う。来年からクラブに所属するために礼儀正しくしよ
うと、意識が高まります。

04 希望調査に向けて

どれも
よかったね！

クラブ活動の希望調査では、複数の希望を書くこと
が多いですが、希望が通らない子どももいます。それ
をフォローするため、見学後に教室でお話をする際は、
「どのクラブも、すごく楽しそうだったね」という雰囲
気で終わりましょう。

デジタルの寄せ書きで
資質・能力を4年生へつなぐ

▶ 3月の目標

　3月の目標は、とにかく1年間を振り返り、4年生へとつないでいくこと。6年生を送る会など、最後の学校行事を残していることがありますが、3月の登校期間である3週間は、1年間の振り返りを子どもたちも教師もしっかりと行うようにしましょう。そして、この1年への感謝の気持ちを形に表すことが大切です。

3月の学級経営を充実させるために

　3月。とにかく、その他の学期末と比べて大切にしたいことが、

　感謝の気持ちを表す

　ということです。
　1学期、2学期は長期休暇明けも自分たちが教室を使用しますが、3学期だけはそうはいきません。春休みが終わると、その教室には二度と足を踏み入れることはありません。また、1年間過ごした「3年○組」で過ごすことも2度とないのです。
　子どもたちには、こうしたことをしっかりと伝えなくてはいけません。「3月を終えると3年○組は戻ってこない」ことは当たり前のことですが、子どもたちはついその事実を忘れてしまいがちです。
　そこで、3月にはしっかりと時間を取って「感謝の思いを伝える」ことに取り組みましょう。

- ・友達に
- ・教室に
- ・関わってくれた先生に

　お礼を表現させることは、この時期にしかできない大切な教育活動です。

注意事項

　感謝の気持ちを伝える相手には「担任の先生」も加えるようにしましょう。「自分になんて…」と気が引けるかもしれませんが、「担任の先生には感謝をする」という教育につながるのです。時間的余裕があれば、学級の子どもたちに先生からも感謝の思いを伝えましょう。

デジタルで寄せ書きづくり

▶ねらい

　Jamboardを活用して「３年〇組」への感謝を表現することを通して、１年間の教室での学びを振り返り、次年度への意欲を向上させたり培った資質・能力を次年度へつないだりする。さらに、スピーチを通して１年間の充実を分かち合う。

▶活動例

　ここまでに何度か紹介してきた「Jamboard」を活用して、「デジタルで寄せ書きづくり」をしてみましょう。

１．Jamboardで下のようなスライドを作成しておく。

２．周囲に付箋機能で「３年〇組への感謝」を１人１つ書いていく（学級の人数が少なければ２枚でもよい）。授業は黄色、学校行事はピンク、休み時間は青、その他は緑など色分けするとよい。

３．完成したスライドを見て、１人ずつスピーチをさせる。スピーチ原稿を、スライドを参考に作成させるとよい。

　これまで、こうした活動は「いきなりスピーチ原稿」としていたことが多くあったと思いますが、デジタルを活用することで、短時間で書く材料を見付けることができるとともに、振り返りの時間を生み出すことができます。時間がないときには、Jamboardの作成だけでもよいでしょう。

▶活動後のポイント

　スピーチ原稿が作成したときには、事前にコピーを取り、教師の保管用と子どもたちへの配布用を用意しましょう（教師の保管がコピー）。そうすることで、その年の子どもたちとつくり上げた学級の文化を残すことができます。Jamboardのスライドを印刷して配ってもいいでしょう。

6年生を送る会

ねらい

何のために6年生を送る会を行うのかを確認することで、気持ちのこもった送る会にする。

指導のポイント

6年生の先輩たちとは、たてわり班活動や地域子ども会などで、3年間お世話になってきています。普段は気付かないけれど、ふと3年間を振り返ってみると、いろいろな出来事が思い出されるでしょう。

その思い出を軸に、「6年生のために」自分にできることは何かを考えさせましょう。誰かのために動くという目的をもった子どもたちは、ものすごく主体的に動きます。

高学年へのステップを示す

「6年生を送る会」は、児童会を中心とした学校全体の行事です。6年生のために全学年が動きます。そこで、「6年生を送る会では、5年生が中心となって動いてくれています。そして、4年生はそのサポートをしています」と確かめた上で、「来年は、4年生です。どんな動きをしているか、よく見ておきましょう」と伝えましょう。4・5年生の様子を見ておくことで、「あんなお兄さん・お姉さんになりたい」と憧れをもって、学校全体の役割を意識できるようになります。

6年生を送る会の取組の例

01 合唱をする

各学年から、歌のプレゼントをします。6年生との思い出を想起させながら歌うこと、想いが伝わるようにしっかり歌うことなど、指導がしやすいです。また、校歌とは別に1つの歌を練習しておき、最後に3年生全児童で合唱すれば、一体感が生まれます。

02 感謝の言葉を贈る

数人が前でスピーチする方法と、卒業式のような学年全体で呼びかける方法があります。どちらも、教師側が台本の大枠を考えておき、学級会などで子どもたちから集めた言葉を埋めていきます。

■講堂の一例（学校の児童数によって講堂のレイアウトは様々です）

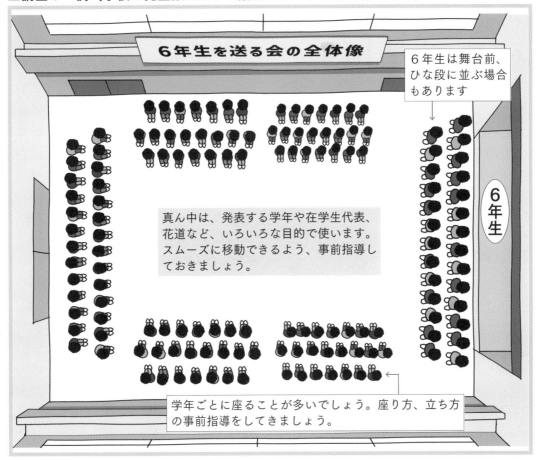

6年生を送る会の全体像

6年生は舞台前、ひな段に並ぶ場合もあります

6年生

真ん中は、発表する学年や在学生代表、花道など、いろいろな目的で使います。スムーズに移動できるよう、事前指導しておきましょう。

学年ごとに座ることが多いでしょう。座り方、立ち方の事前指導をしてきましょう。

03 色紙をプレゼントする

　地域子ども会を中心として、お世話になった6年生一人ひとりに色紙を書きます。同じ班の6年生に、一言メッセージを書くだけなので、1年生でも負担は少なく、1時間で完結します。また、色紙というプレゼントがもらえるので、6年生も喜びます。

04 花道をつくって送り出す

　会の最後に、花道をつくって送り出します。2列の間を通ったり、2人で手を伸ばしてトンネルにしたり、大きな棒に装飾したアーチを持たせたりと、いろいろできます。通り抜けるときに、ありがとうの気持ちを伝えると、さらに素敵な会になります。

キャリア・パスポート③

▶ねらい

1年間の自分を振り返るととともに、自分のなりたいもの、やりたいことができるだけの力が付いているかどうか、次の学年に向けてこのままでいいのかを考える時間にする。

▶指導のポイント

1年間の最後の振り返りは、4月の自分との差を子ども自身が感じることです。「実践→振り返り」を少なくとも3回やってきた今だからこそ、少し長いスパンで考えていく時間とします。そうすることでなりたい自分になるには努力が必要であることに改めて気付くことになります。次への意気込みも兼ねた、大切な時間を過ごせるようにします。

▶キャリア・パスポートを振り返る

キャリア・パスポートに書き込んだ自分の内容が1年間の学びの蓄積になっているかを考えます。すぐに達成できること、全然達成できないことではなく、ちょっと頑張れば手の届きそうなことを設定する大切さを知っておくと、自分のことだけでなく周りのことにも目を向けられるはずです。

この時期にとことん自分と向き合い、自分の姿が周りにどのように映っているのか、影響しているのかを考えさせていきましょう。

■自分で自分を褒める例

自分を褒める機会も大切にします。例えば、1週間、1か月などの単位で自分が頑張ったことを書き溜めておく行為が、自分を褒めることにつながっていきます。また、4月に意識していなかったことが3月に気付くことができれば、自分の成長を褒めることができます。付箋などで自分への褒め言葉を残してもよいでしょう。

1年間を振り返る

01 4月の自分と3月の自分を比べて

まずは、とにかく頑張った自分を褒めます。自分で自分を褒めるのも練習が必要です。こんなにも成長したんだなということは自信へとつながります。

キャリア・パスポートは、本来、自分自身の振り返りのためのものです。個人的な気持ちもたくさん書いておくと感情コントロールも同時に学べます。

最後に、子どものよき理解者である保護者と共有することで、周りからも褒められ自己肯定感が上がっていくようにします。子どもが小さな変化に気付くことができると、小さな幸せを見付けられるようになり、自分で自分のことを許せるようになります。

02 保護者のコメントからさらに…

キャリア・パスポートは子ども、保護者、教師、地域の人などと対話的に関わることも1つの目的です。コメント欄の文を読むだけでなく、そのコメントに対して自分なりに返事を書くことができればよいでしょう。また、生かすポイントを子どもに伝えることで、次に自ら行うきっかけをつくります。

周りの期待に応えようとする姿も、また新たな一歩の活力となります。

お楽しみ会

▶ ねらい

3年生最後のお楽しみ会は、盛大に行いつつも、準備を念入りにさせることで、子どもたちに真の力を発揮させる。

▶ 指導のポイント

3年生最後のお楽しみ会は、これまで付けてきた力や学級文化の総決算です。やりたいことをやらせてあげたいものです。早いうちから動き始めることで、後悔のないようにしてあげたいものです。

また、サプライズが好きな学級であれば、子どもたちに「先生へのドッキリ」を仕掛けさせることもできます。

▶ 付けてきた力が試される

3学期の最後のお楽しみ会は、この1年間で経験してきたことをフル動員して、あれやこれやとアイデアが出てきます。逆に言うと、学級文化（クラス全員が理解しているよい振る舞いやルールなど）が育っていないと、全然アイデアが出てきません。クラスの力が試されています。そのことを、子どもたちにも直接伝えましょう。

教師や学級に対するフォロワーシップがしっかりと形成されていれば、「3学期最後のお楽しみ会は、3年○組の総決算です。全ての力が試されます。後悔のないように、全力を出しましょう」などと伝えると、一人ひとりがクラスのためにできることは何かを考え、アイデアを出し、お楽しみ会に向けて準備します。

3月の時点で準備できることは、「時間の確保」「場所の確保」「物の用意」ぐらいです。そのため、4月から、学級文化を育てておくことが大切です。

お楽しみ会までに…

01 準備の時間をしっかり取る

2月の初めに、学級会や準備の時間を確保してあげましょう。準備のスタートが早いと、その分だけクオリティが上がります。また、必要な物を用意したり、特別教室や運動場などの場所を取ったりするのも、早いうちならガラ空きなのでおすすめです。

02 サプライズを盛り込ませる

それぞれの出し物をする会社やグループに対して、みんなを喜ばせる演出を仕掛けさせます。こっそり耳打ちで、「○○したらみんなびっくりするよね」「ここで○○先生に登場してもらうのはどう？」など、アイデアを伝えましょう。おもしろアイデアが炸裂します。

03 「○○さん、あれ見せてよ」

習い事などでみんなに披露できる得意技をもっているけど、なかなか自分から言い出せない子に対しては、"リクエスト"することも有効です。ちなみに、「最後だから」を付け加えることで、「やってみようかな」という気持ちになってくれるのでおすすめです。

04 教師がいない時間をあえてつくる［発展例］

「○曜日の○時間目は、授業を見に行かないといけなくて…」などと用事をつくり、意図的に教師がいない時間をつくりましょう。こっそりと準備ができると分かると、教師へのサプライズを仕掛けようという意欲が湧いてきます。一生の思い出になること間違いなし。

学級じまい

▶ねらい

　1年間の自分たちの成長を実感するとともに、4年生でも前向きに頑張ろうとする態度を育む。

▶指導のポイント

　学年終わりのこの時期、子どもたちの1年間の成長を認め、次につなげられるようにしてあげることが大切です。何気なく過ぎた日々の中に子どもたちの頑張りがあります。

　1年間を通して、学級として上手くいったところを振り返り、どうして上手くいったのかまで考えていきましょう。すると、1年間の子どもたちの頑張りが見えてきます。

▶子どもの頑張りを認める

　3年生で新しい学習や新しい友達との学び合いを通して、子どもたちは大きく成長したかと思います。子どもたちは、学習や行事、友達関係で悩んだこともあったでしょう。しかし、友達と協力し、目標に向かって頑張ることを通して成長してきたのです。

　この頑張りは、子どもたちの力です。頑張りを認め、自信につなげることで4年生へとつないであげましょう。まだまだ、承認欲求が強い学年ですので、最後に教師がとことん褒めたり、友達と褒め合ったりすることで、自分のよさに気付くことができます。

協力ができているね！

成長を実感するために

01 行事から頑張りを振り返る

運動会　社会見学　遠足

　4月から取り組んだ行事を黒板に書き出し、成功体験を振り返ります。運動会や学習発表会だけでなく、社会見学や遠足など学年ならではの行事も取り上げましょう。2年生の頃と比べて成長したことを話し合うとよいでしょう。

02 学習から頑張りを振り返る

　子どもたちの頑張りは、学習の中でも見えてきます。算数では、わり算。国語や社会では、調べたことを発表する言語活動などがあるでしょう。その中で、自分の考えを伝えたり、友達の考えを聞いて取り入れたりしたことも話題にできるといいですね。

03 友達にありがとうを伝える

　これまでの頑張りを振り返る活動では、友達に「一緒に○○をしてくれてありがとう」という手紙を書く活動を取り入れます。子どもたち同士でも、褒め合える・感謝し合える場をつくってあげましょう。

04 教師が褒めちぎる

　01〜03の活動の中で、教師は褒めちぎります。きっと褒めることばかりではないでしょう。ですが、学年の最後です。今までで一番褒める1時間にしてあげることで、子どもたちの自身につながるのです。

自己省察
（3月）

▶ねらい

１年間の自分自身の取組を振り返り、次年度以降の自身の取組に生かす。

▶指導のポイント

本シートでは、授業づくりという視点で振り返ってみましょう。うまくいった授業には必ず理由があります。振り返りは反省することだけではありません。自分の努力を自分で認め、自信につなげましょう。

> A：教師の願い、授業のねらい（単元・授業開始前）
> B：子どもの願いや思い　C：授業展開（発問等）
> D：学習活動　E：単元・授業進行中の教師の思い
> F：授業中の様子　G：授業後の自己評価
> H：子どもの感想や反応

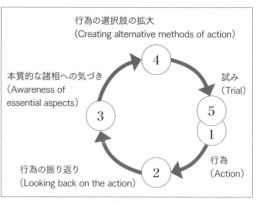

図1　（F・コルトハーヘン、2001）

「8つの問い」

	授業者	児童
したかったこと What	A	B
したこと Do	C	D
考えたこと Think	E	F
感じたこと Feel	G	H

図2　FredA.J.Korthagen編著、武田信子監訳（2012）『教師教育学：理論と実践をつなぐリアリスティック・アプローチ』学文社を 参照して筆者作成

教師自身の振り返り

01　ALACTモデルを活用しよう

ALACTモデルに当てはめて振り返ってみましょう。

> A：Action
> 　→行為
> L：Looking back on the action
> 　→行為の振り返り
> A：Awareness of essential aspects
> 　→本質的な諸相への気づき
> C：Creating alternative methods of action
> 　→行為の選択肢の拡大
> T：Trial
> 　→試み

ALACTモデルは、教育実習生の学びの理想モデルとして提唱されたものですが、教師となった後にもこのモデルをたどることで成長につながるとされています。5つの局面を循環しながら省察することが理想的な省察のプロセスと呼ばれていますが、第3局面を辿ることが難しく、第2局面から第4局面へ移行しがちです（図1参照）。

第3局面を充実するためにも第2局面が重要になります。そこで、図2で示した、「8つの問い」をもとにして単元や授業を振り返ってみましょう。

青枠内を記入し、1枚用紙全体を見て、自身の1年間の学びや成長を振り返ってみましょう。

「授業づくり」とはなんですか。（4月）

➡ 「授業づくり」とはなんですか。（3月）

現在の授業づくりの姿（あなた自身）。第1回（4月）
①強み（できていること）

②弱み（できていないこと）

➡ めざす1年後（年度末）の子どもの姿。

めざす1年後（年度末）の
授業づくりの姿（あなた自身）

1学期を振り返って最も大切だと感じたことはなんですか。（授業づくり）という視点で考えましょう。

2学期を振り返って最も大切だと感じたことはなんですか。（授業づくり）という視点で考えましょう。

3学期を振り返って最も大切だと感じたことはなんですか。（授業づくり）という視点で考えましょう。

授業づくりを通して気づいたことや考えたことを振り返って1年間の学びを書いてください。

3
月

02 自分自身を比較しよう

4月（P.35）に記入した1枚振り返りシートの右側と下の欄を3月に記入してみましょう。そして左右の記述内容や下の欄の記述と見比べてみましょう。

自分自身の思い描いていた理想になったでしょうか。それとも現実とのギャップを感じたでしょうか。できた・できないが重要ではありません。
自分自身を見つめましょう。

■見つめるポイント

○「要因や原因」
×できたこと・できなかったこと

どうしてできたのか。何をしたからうまくいったのか。うまくいかなかった原因は何か。どうすれば改善できそうなのか。必ず答えが見付かるわけではありませんし、答えを出そうとする必要もありません。大切なことは、自分自身が立ち止まって取組を振り返る習慣をつけることです。

修了式

▶ ねらい

　3年生としての最終日は、4年生への期待を膨らませられる1日になるようデザインすることで、「寂しい」ではなく「楽しみ」な1日にする。

▶ 指導のポイント

　修了式は、この学級で過ごす最後の日です。別れの日でもあります。しかし、寂しい・悲しいという気持ちで過ごしては、子どもたちが満足して進級できません。できたことに対してしっかりと価値付けをし、胸を張って進級できるようにしてあげましょう。過去に捉われすぎないように、3年生から追い出すぐらいの気持ちで、「今日でおしまい！」と、キッパリと別れを演出してあげるのも優しさです。

▶ 1年間の成長を伝えよう

　通知表を渡すタイミングが、一人ひとりに直接声かけできる最後のチャンスです。評価の説明も大事ですが、それ以外の行動面をメインに伝えましょう。よい行いを価値付けることで、「4年生になってもやってみよう！」という意欲につながります。また、「あなたの○○はすごいから、どんどん極めていってね！」というように、具体的に頑張ってほしいことも伝えるとよいでしょう。自分だけのオンリーワンのコメントをもらうと、4年生への希望をもったニコニコした顔になります。

　また、学級全体にも締めくくりの言葉を伝えましょう。1年間の行事を振り返るもよし、面白かった出来事や各教科の勉強を振り返るのもよいでしょう。大事なことは、「どんな力が付いたのかを価値付ける」ということです。そして、それが4年生でどう開花していくかを伝えましょう。他にも、エールを込めて弾き語りをする演出をしてもよいでしょう。希望を胸に進級できるよう、最終日は"涙"ではなく"笑顔"で！

修了式の展開

01 校長先生の話をどう聞くか

　修了式での校長先生のお話は、各学年の1年間の頑張りを紹介したり、学級での頑張りを抽象的に伝えたりするでしょう。「校長先生の話から自分が気付いたことを、後で発表してもらいます」と伝え、真剣に聞かせましょう。聞いているときの目つきが変わります。

02 「違うクラス」でも「同じ学年」

　「今年仲よくなった○○さんと違うクラスになるかも」と不安になる子がいます。そういう思いをもつ子どものために、「違うクラスでも、同じ学年です。4年生になると学年全体で動く行事や学習が増えるので、関わる機会は多いですよ」と安心させてあげましょう。

Point 最後の締めくくりでも成長を伝える！！

■修了式のスケジュール

【朝の会まで】
・配付資料等の確認
・最後の「おはよう」は、ぜひ教室で
【朝の会】
・1日の流れと修了式についての連絡
【1時間目】
・修了式
※職員連絡を確認し、時間を厳守。儀式
　的行事であるため、服装にも気を付け
　る。
【2時間目】
・通知表等配付
（待っている子どもは、読書や身の回り
　の片付けなど、騒がしくならないように
　させる）
※通知表やその内容は個人情報です。周
　りに聞こえないよう配慮しましょう。
【3時間目】
・忘れ物がないかチェック
・先生からのメッセージ
・元気に「さようなら」

みんなの〇〇〇は4年生になっても必ずやってみようね！

先生
ありがとう
先生

3月

---

03 「去年は～」は禁句

　新しい学年・クラスになったときに、「去年の〇〇先生は、～」と主張する子が現れます。「去年はどうだった。去年のほうがよかった。そういう新しい先生のことを考えない発言はNGです」と、未然に防ぐ指導を入れておきましょう。

04 4年生での活躍が楽しみ

活躍を楽しみにしています!!

　「もしかしたら、先生は違う学年の先生になるかもしれません」と前置きをした上で、「でも、君たちの活躍は離れたところから見ていますよ」「嬉しい知らせがたくさん聞けることを楽しみにしています」と、活躍を期待しましょう。

編著者・執筆者紹介

【編著者】

丸岡　慎弥（まるおか　しんや）

1983 年、神奈川県生まれ。三重県育ち。立命館小学校勤務。関西道徳教育研究会代表。教育サークルやたがらす代表。銅像教育研究会代表。３つの活動を通して、授業・学級経営・道徳についての実践を深め、子どもたちへ、よりよい学び方・生き方を伝えるために奮闘中。道徳を中心として授業づくり・学級づくりにもっとも力を注いでいる。現在は、NLP やCoaching を学び、教育実践に取り入れることで、独自の実践を生み出している。著書に『最高のパフォーマンスを発揮する教師の思考法 』『教師の力を最大限引き出すNLP』（東洋館出版社）、『日本の心は銅像にあった』（育鵬社）、『話せない子もどんどん発表する！対話力トレーニング』『子どもの深い学びをグッと引き出す! 最強のノート指導』『高学年児童がなぜか言うことをきいてしまう教師の言葉かけ』（学陽書房）、など多数。

【執筆者】（執筆順）

丸岡　慎弥（まるおか　しんや）　立命館小学校

p.1/8-21/24-25/66-67/70-71/90-91/100-101/116-117/128-129/142-143/154-155/160-161/
　172-173/180-181/188-189

末廣　彩華（すえひろ　あやか）　大阪教育大学附属池田小学校

p.26-31/54-59/62-63/74-75/102-107/126/127/130-131/140-141/166-169/174-175/
　182-183/192-193

大貫　翔貴（おおぬき　とき）　大阪教育大学附属池田小学校

p.32-33/36-39/46-49/78-79/82-85/94-95/98-99/118-119/132-133/138-139/144-147/
　176-179/196-197

三好　達也（みよし　たつや）　大阪教育大学附属池田中学校

p.34-35/50-53/64-65/88-89/92-93/96-97/110-115/122-125/134-135/150-151/156-159/
　164-165/170-171/184-185/198-199

篠塚　大輝（しのづか　ひろき）　大阪市立三国小学校

p.40-45/60-61/68-69/72-73/80-81/86-87/108-109/120-121/136-137/148-149/152-153/
　162-163/186-187/190-191/194-195/200-201

カスタマーレビュー募集

本書をお読みになった感想を下記サイトに
お寄せ下さい。レビューいただいた方には
特典がございます。

https://www.toyokan.co.jp/products/5125

イラストで見る
全活動・全行事の学級経営のすべて
小学校3年

2023年（令和5年）3月20日　初版第1刷発行

編著者：丸岡　慎弥
発行者：錦織　圭之介
発行所：株式会社東洋館出版社
　　　　〒101-0054　東京都千代田区神田錦町2丁目9番1号
　　　　　　　　　　コンフォール安田ビル2階
　　　　代　表　電話03-6778-4343　FAX03-5281-8091
　　　　営業部　電話03-6778-7278　FAX03-5281-8092
　　　　振　替　00180-7-96823
　　　　ＵＲＬ　https://www.toyokan.co.jp

装丁デザイン：小口翔平＋須貝美咲（tobufune）
本文デザイン・組版：株式会社明昌堂
イラスト：オセロ
印刷・製本：株式会社シナノ

ISBN978-4-491-05125-3　　　　　　　Printed in Japan